MAGIC EARTH

Unsere Welt in 3D

MAGIC EARTH

Unsere Welt in 3D

Bertelsmann!
LEXIKON

Die Magie der dritten Dimension – wie funktionieren 3D-Bilder?

Faszinierende dreidimensionale Bilder entstehen in unserem Gehirn, wenn man sich die Bilder und Karten in diesem Buch mit der beigelegten 3D-Brille anschaut. Die ägyptischen Pyramiden erheben sich majestätisch vor uns im Wüstensand, man fühlt sich förmlich mitten in die bezaubernde Landschaft der Alpen hineinversetzt und die beeindruckenden Tiefen der Weltmeere tun sich mitten im Papier auf. Die besten Resultate erhalten Sie, wenn Sie die Bilder bei hellem Licht und in direkter Draufsicht betrachten und wenige Sekunden warten. Doch wodurch erhalten die Bilder, die ohne Brille so verschwommen aussehen, ihre staunend machende dritte Dimension?

Um ein 3D-Bild zu erzeugen, benötigt man zunächst einmal zwei Aufnahmen eines Motivs aus leicht unterschiedlichen Blickwinkeln. Man imitiert dadurch das menschliche Sehverhalten: Zwei Augen sehen die Umgebung jeweils aus leicht veränder-

ten Perspektiven; das Gehirn erstellt dann daraus ein Bild mit Tiefeninformationen, sprich ein dreidimensionales Bild.

Mit Hilfe des Computers werden zwei Einzelaufnahmen zu einem einzigen Bild zusammengefügt. Dabei werden die 3D-Informationen zusätzlich für jedes Auge durch eine bestimmte Farbeinfärbung übermittelt. Doch ohne die Brille mit der roten und der blauen Folie wird auch dieses kombinierte Bild noch nicht dreidimensional. Die Brille trennt die Bildinformationen für jedes Auge, sodass auch jedes Auge nur das Halbbild sieht, das ihm zugedacht ist.

Erstaunliche Resultate sind mit dieser „Anaglyphentechnik" möglich, die bereits seit Mitte des 19. Jahrhundert bekannt ist. Für dieses Buch wurde die Technik nochmals verfeinert und macht nun auch aufschlussreiche Karten und aufsehenerregende Satellitenaufnahmen unseres Planeten im 3D-Seherlebnis möglich: Die Erde wird sich Ihnen förmlich neu erschließen!

Und nun – willkommen in der dritten Dimension!

Inhalt

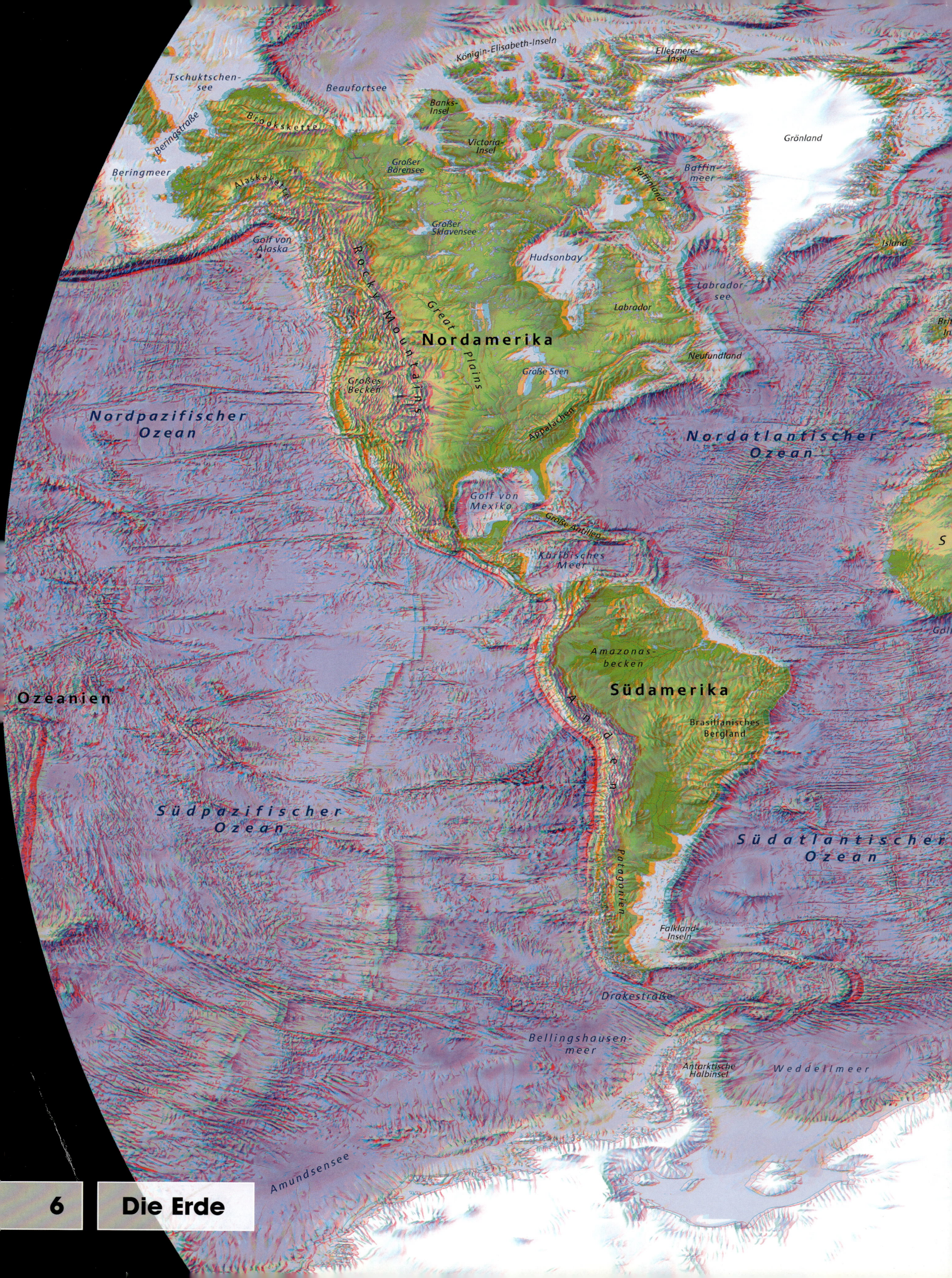

Tschuktschen-
see

Beaufortsee

Königin-Elisabeth-Inseln

Banks-
Insel

Ellesmere-
Insel

Grönland

Beringstraße

Brookskette

Victoria
Insel

Baffin-
meer

Baffinland

Island

Beringmeer

Alaskakette

Großer
Bärensee

Golf von
Alaska

Großer
Sklavensee

Hudsonbay

Labrador-
see

Br

Labrador

Neufundland

Nordamerika

Rocky Mountains

Great plains

Nordpazifischer
Ozean

*Nordatlantischer
Ozean*

Großes
Becken

Appalachen

Golf von
Mexiko

Große Antillen

S

Karibisches
Meer

Gdf

Südamerika

Amazonas-
becken

Brasilianisches
Bergland

Ozeanien

Anden

*Südpazifischer
Ozean*

*Südatlantischer
Ozean*

Patagonien

Falkland-
Inseln

Drakestraße

Bellingshausen-
meer

Antarktische
Halbinsel

Weddellmeer

Amundsensee

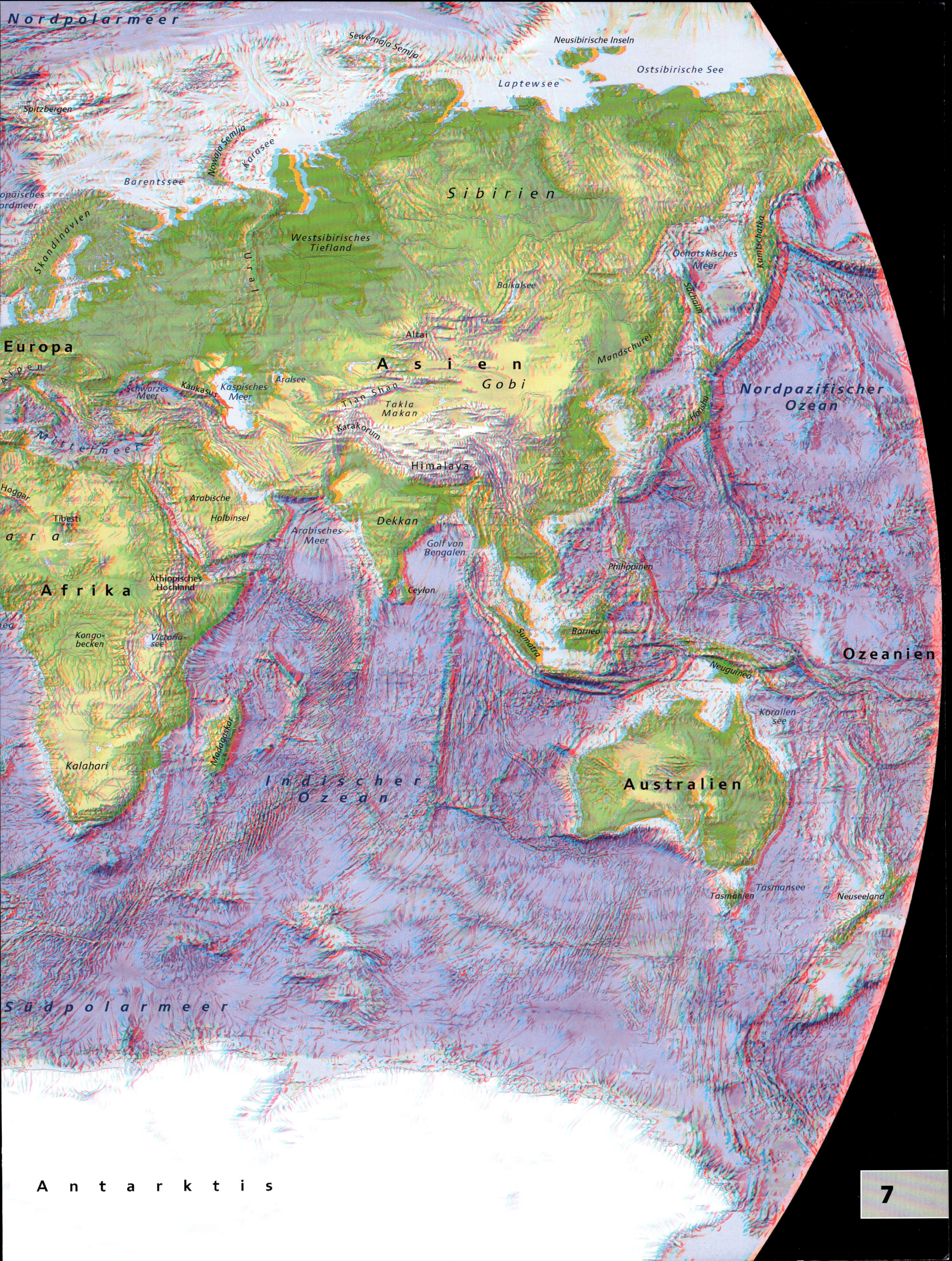

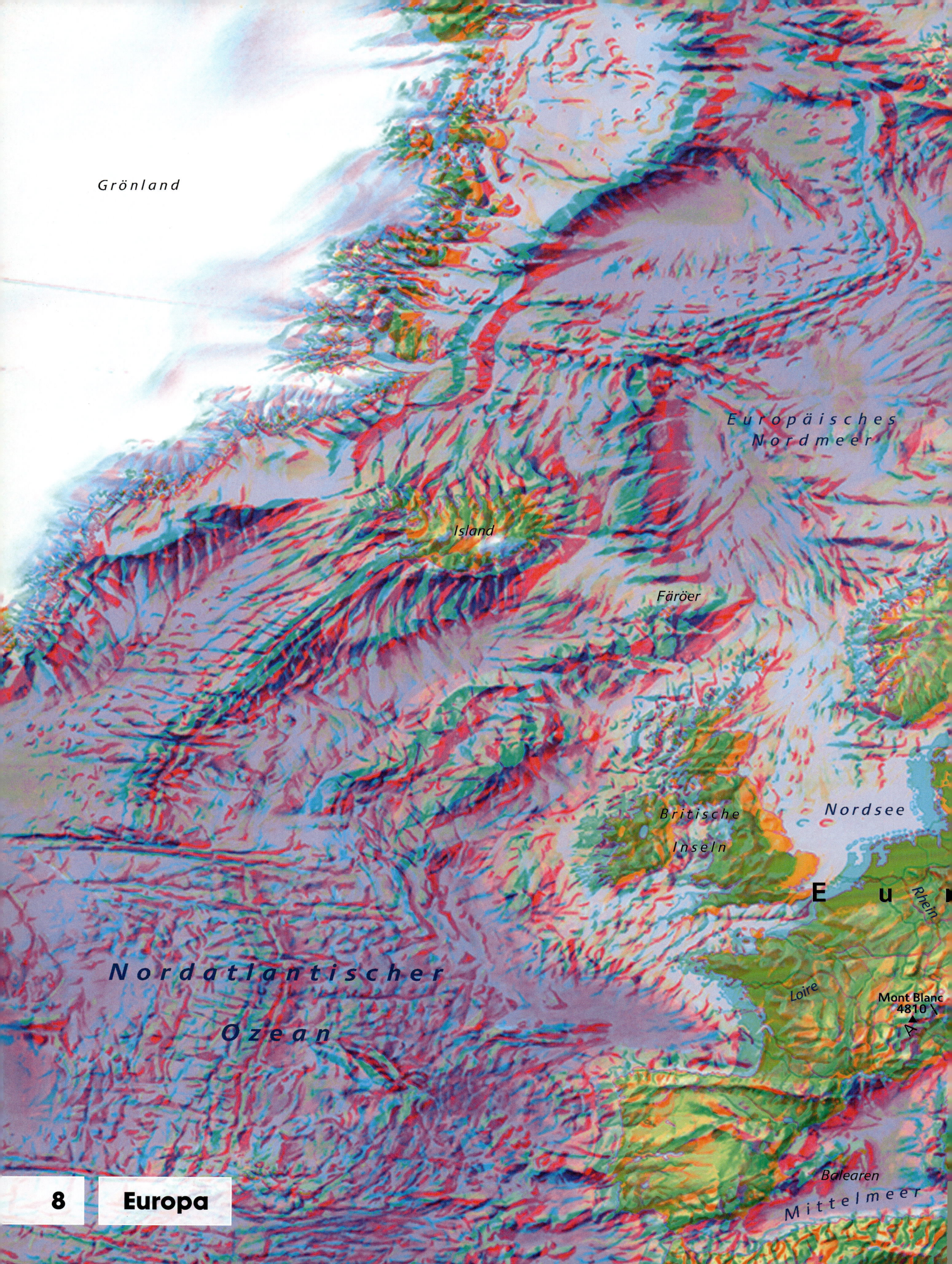

Grönland

Europäisches
Nordmeer

Island

Färöer

Nordsee

Britische
Inseln

E   u

Rhein

Nordatlantischer

Ozean

Loire

Mont Blanc
4810

Balearen

Mittelmeer

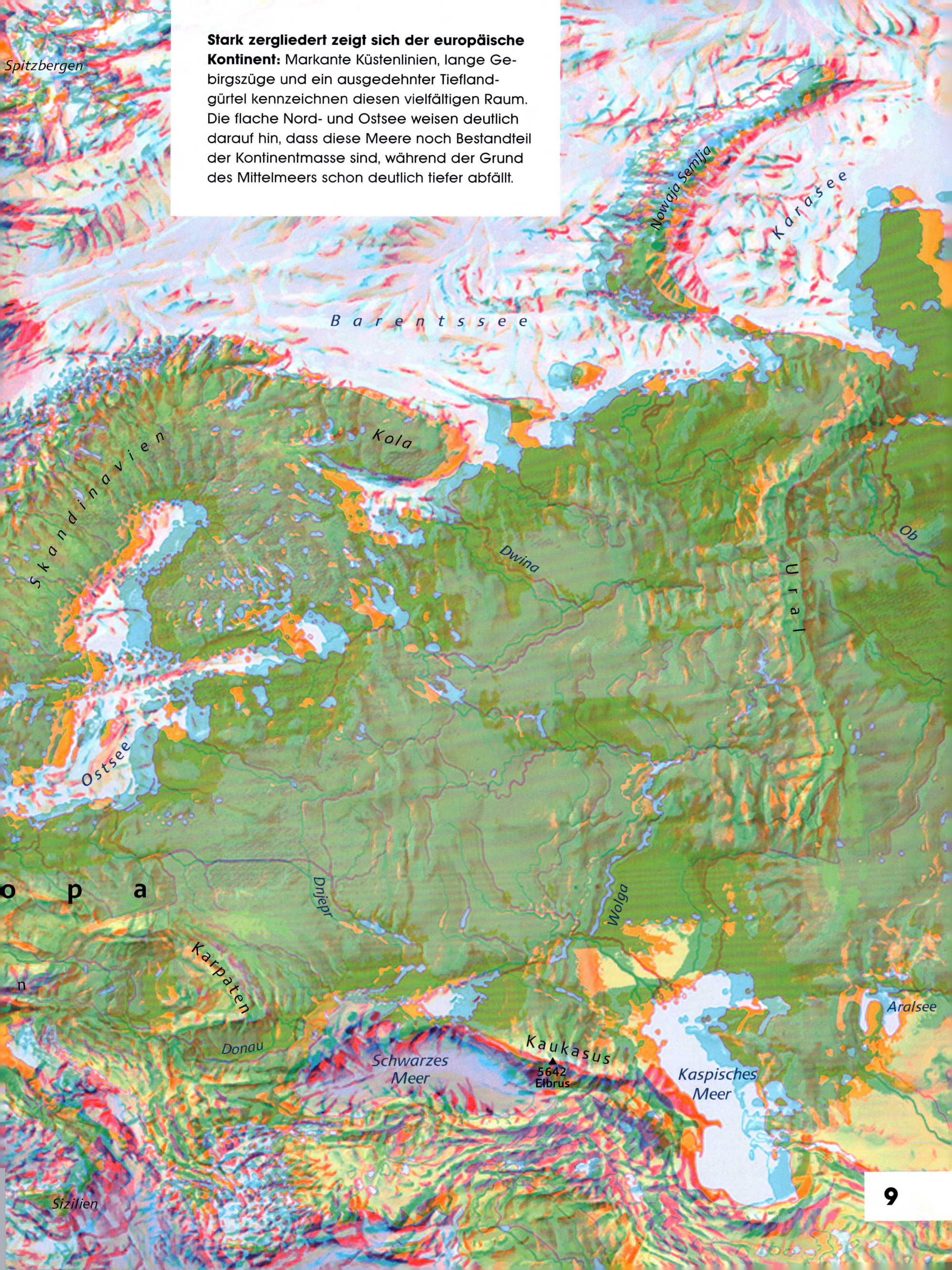

Stark zergliedert zeigt sich der europäische Kontinent: Markante Küstenlinien, lange Gebirgszüge und ein ausgedehnter Tieflandgürtel kennzeichnen diesen vielfältigen Raum. Die flache Nord- und Ostsee weisen deutlich darauf hin, dass diese Meere noch Bestandteil der Kontinentmasse sind, während der Grund des Mittelmeers schon deutlich tiefer abfällt.

Spitzbergen

Nowaja Semlja

Karasee

B a r e n t s s e e

Skandinavien

Kola

Dwina

Ob

Ural

Ostsee

o p a

Dnjepr

Wolga

n

Karpaten

Aralsee

Donau

Kaukasus

Schwarzes Meer

5642 Elbrus

Kaspisches Meer

Sizilien

Die größte Insel Griechenlands bringt es gerade mal auf eine Länge von 260 Kilometern. Im 3. Jahrtausend v. Chr. entwickelte sich hier die minoische Kultur, eine der frühsten Hochkulturen Europas. Nicht minder bewegt wie die Geschichte ist das Relief der Insel: Von Westen nach Osten zieht sich eine Gebirgskette, die im Berg Psiloritis im Ida-Gebirge in 2456 Meter Höhe gipfelt. Nach Süden fällt das Gebirge steil zur Küste ab, im Norden geht es in ein Hügelland über. Die buchtenreiche Nordküste bildet das heutige Zentrum der Besiedlung.

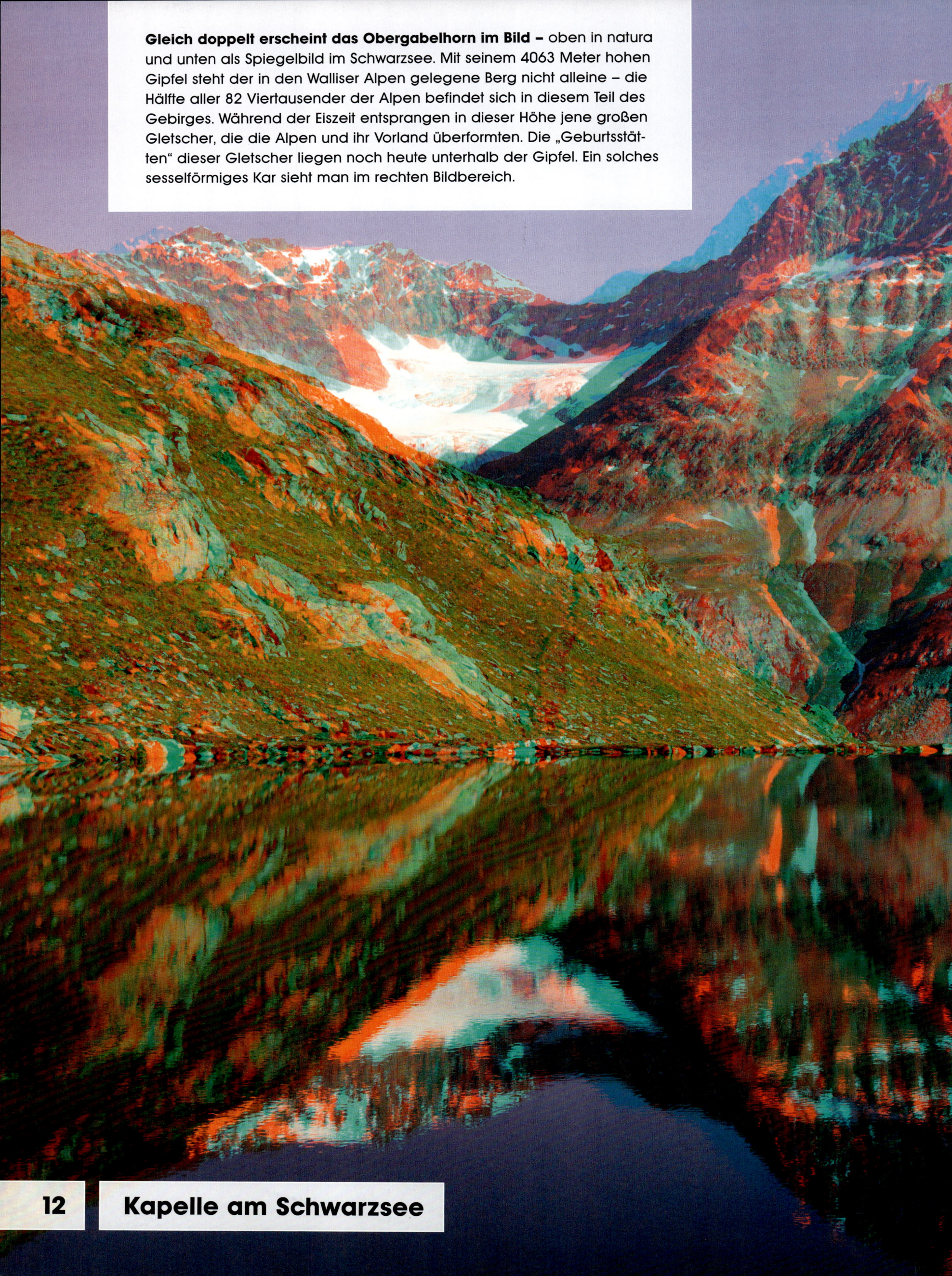

Gleich doppelt erscheint das Obergabelhorn im Bild – oben in natura und unten als Spiegelbild im Schwarzsee. Mit seinem 4063 Meter hohen Gipfel steht der in den Walliser Alpen gelegene Berg nicht alleine – die Hälfte aller 82 Viertausender der Alpen befindet sich in diesem Teil des Gebirges. Während der Eiszeit entsprangen in dieser Höhe jene großen Gletscher, die die Alpen und ihr Vorland überformten. Die „Geburtsstätten" dieser Gletscher liegen noch heute unterhalb der Gipfel. Ein solches sesselförmiges Kar sieht man im rechten Bildbereich.

Kapelle am Schwarzsee

Danau

Iller

1493
Feldberg

Rhein

Boden-
see

Basel

Rhein

Zürich

2502
Säntis

*Neuenburger
See*

Bern

3620
Tödi

3312
Piz Buin

377
Wil
spit

Genfer See

4274
Finsteraarhorn

3899
Ortle

4049
Piz Bernina

3554
Monte
Adamello

Genf

4478
Matter-
horn

4634
Dufour-
spitze

*Lago
Maggiore*

*Comer
See*

*Gard
se*

4810
Mont
Blanc

Brescia

4061
Gran Paradiso

Mailand

Adda

Isère

Turin

Po

Po

3841
Monte Viso

Genua

L i g u r i s c h e s

M e e r

München

Isar

Donau

Chiemsee

Salzburg

2218
Hochschwab

2962
Zugspitze

2996
Dachstein

Innsbruck

3797
Groß
Glockner

Graz

ozen

Etsch

3342
Marmolada

2863
Triglav

Drau

Mur

Save

Piave

Zagreb

Triest

erona

Venedig

Etsch

Po

Das Hochgebirge im Herzen Europas spannt sich als 1200 Kilometer langer Bogen vom Golf von Genua bis nach Wien. Höchster Gipfel der Alpen ist der Mont Blanc mit seinen 4810 Metern, 81 weitere Gipfel übersteigen die Viertausendermarke. Am Rand des Gebirges haben die Gletscher der Eiszeit tiefe Becken ausgeschürft, die heute von Seen wie dem Chiemsee und dem Gardasee erfüllt sind. Die Alpen markieren historisch wie klimatisch eine Grenze zwischen Mittel- und Südeuropa. Heute stellen sie das wichtigste Wander- und Skigebiet des europäischen Kontinents dar.

Bologna

*A d r i a t i s c h e s
M e e r*

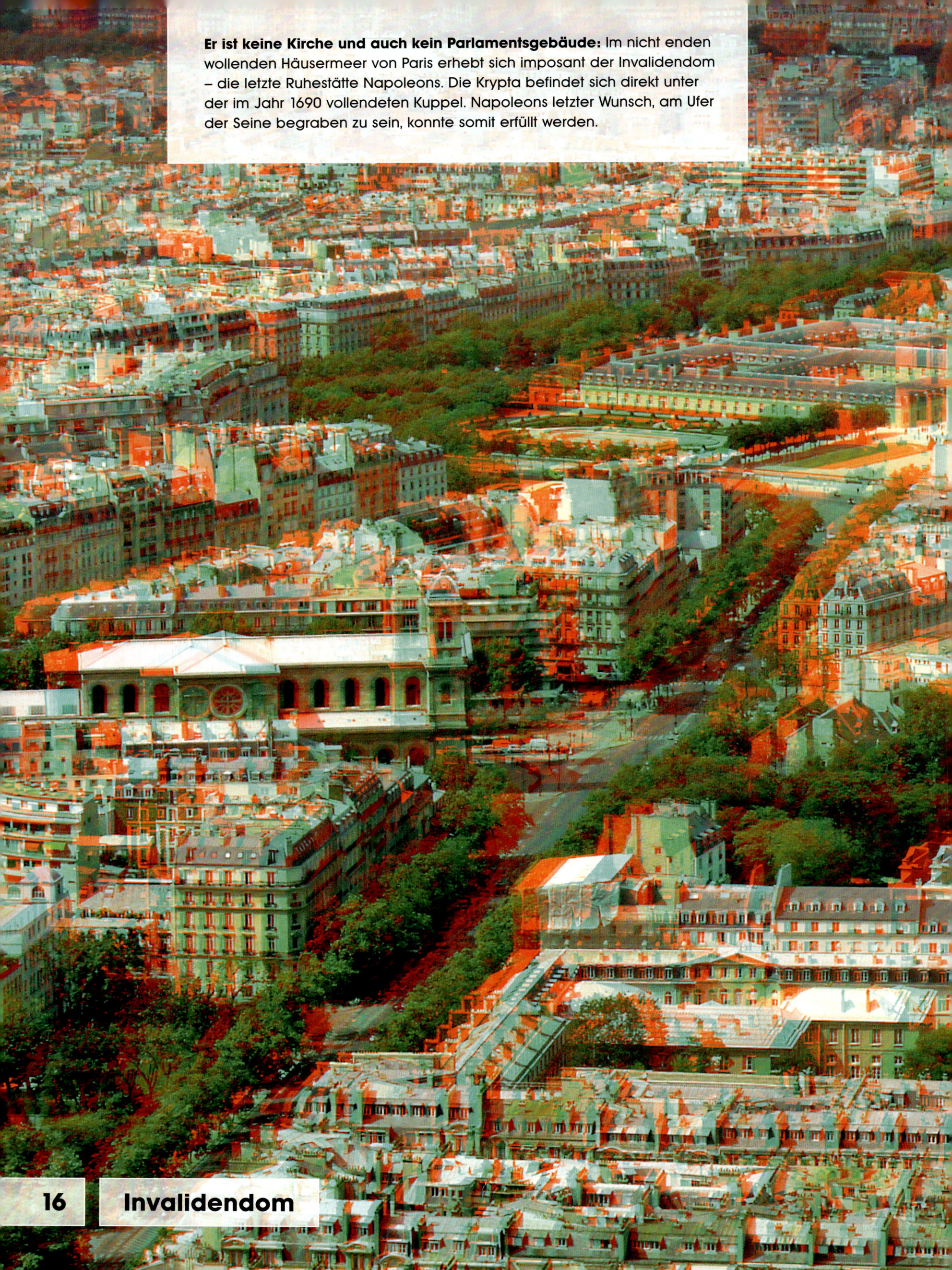

Er ist keine Kirche und auch kein Parlamentsgebäude: Im nicht enden wollenden Häusermeer von Paris erhebt sich imposant der Invalidendom – die letzte Ruhestätte Napoleons. Die Krypta befindet sich direkt unter der im Jahr 1690 vollendeten Kuppel. Napoleons letzter Wunsch, am Ufer der Seine begraben zu sein, konnte somit erfüllt werden.

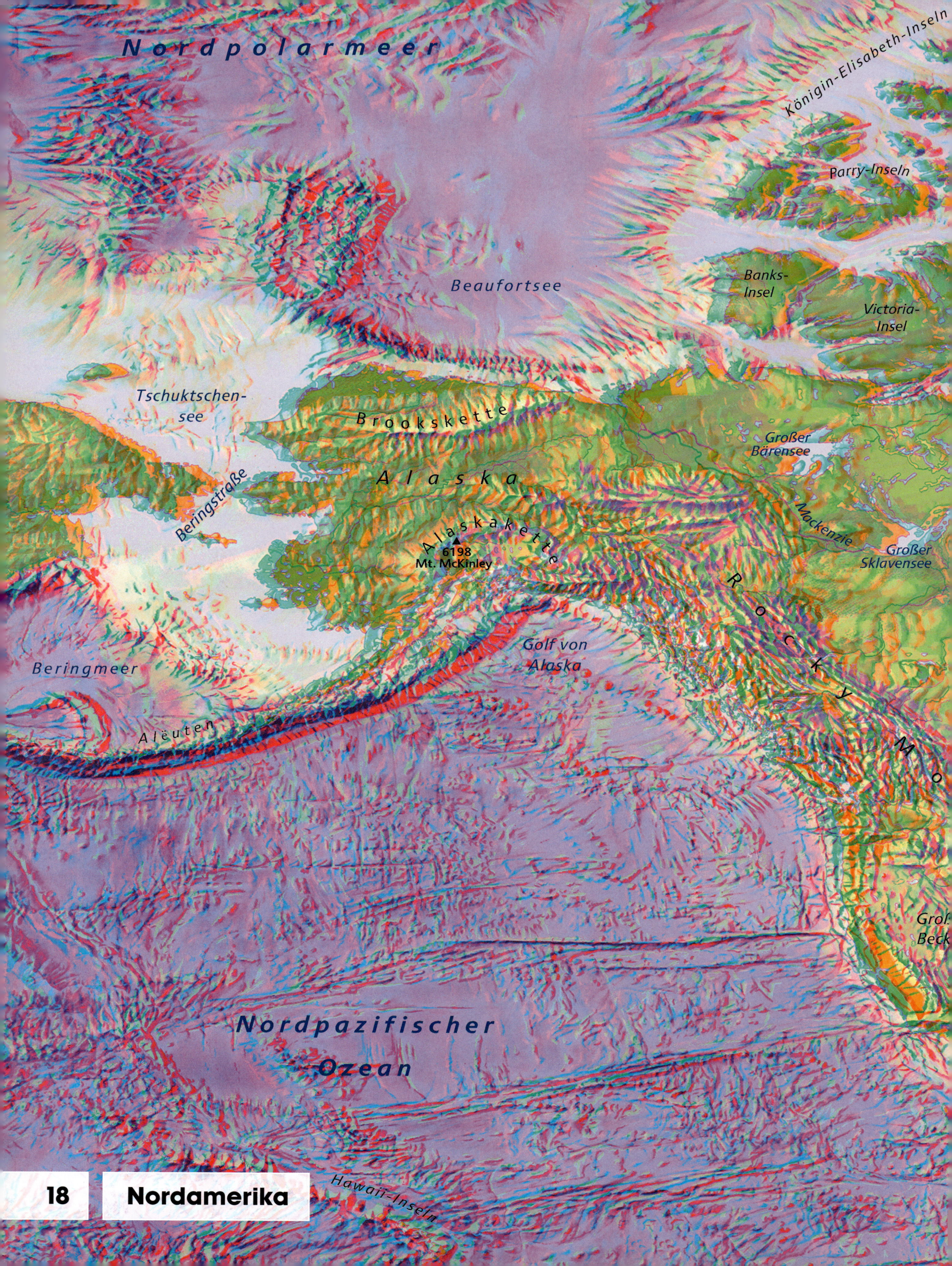

Nordpolarmeer

Königin-Elisabeth-Inseln

Parry-Inseln

Beaufortsee

Banks-Insel

Victoria-Insel

Tschuktschen-see

Brookskette

Großer Bärensee

Alaska

Mackenzie

Beringstraße

Großer Sklavensee

Alaskakette

▲ 6198
Mt. McKinley

R O C K Y M O

Beringmeer

Golf von Alaska

Aleuten

Groß Beck

Nordpazifischer

Ozean

Hawaii-Inseln

Ellesmere-
Insel

Grönland

Baffin-
meer

Baffinland

Nordamerika baut sich aus vier Großregionen auf: Im Westen türmen sich die bis zu 1500 Kilometer breiten und im Mount McKinley in 6198 Meter Höhe gipfelnden Kordilleren auf. Im Zentrum erstrecken sich die Inneren Ebenen mit den fünf Großen Seen, der größten zusammenhängenden Süßwasserfläche der Erde. Im Osten erhebt sich der 2600 Kilometer lange Gebirgszug der Appalachen, der in dem 2037 Meter hohen Mount Mitchell gipfelt. Den ältesten Teil des Kontinents bildet der Kanadische Schild, der sich im Nordosten rund um die Hudsonbay ausbreitet.

Labrador-
see

Hudsonbay

thabascasee

Labrador

Winnipegsee

Neufundland

Great

N o r d a m e r i k a

Plains

Große Seen

Missouri

Appalachen

Nordatlantischer
Ozean

4396
Mt. Elbert

Mississippi

Bermuda-
Inseln

Rio Grande

Golf von
Mexiko

Große Antillen

Die indianische Bevölkerung Alaskas, die Athabasken, nennen den Mount McKinley Denali – der Große. Mit seinen 6198 Metern bildet er nicht nur den höchsten Punkt der Alaska Range, sondern ganz Nordamerikas. Berüchtigt ist der Berg jedoch weniger wegen seiner Höhe, sondern aufgrund seiner eisigen Temperaturen. In der Gipfelregion zeigt das Thermometer zuweilen –60 °C an. Eine dicke Schneedecke hüllt den Berg oberhalb von 2000 Metern das ganze Jahr über ein. Seine Erstbesteigung gelang 1913.

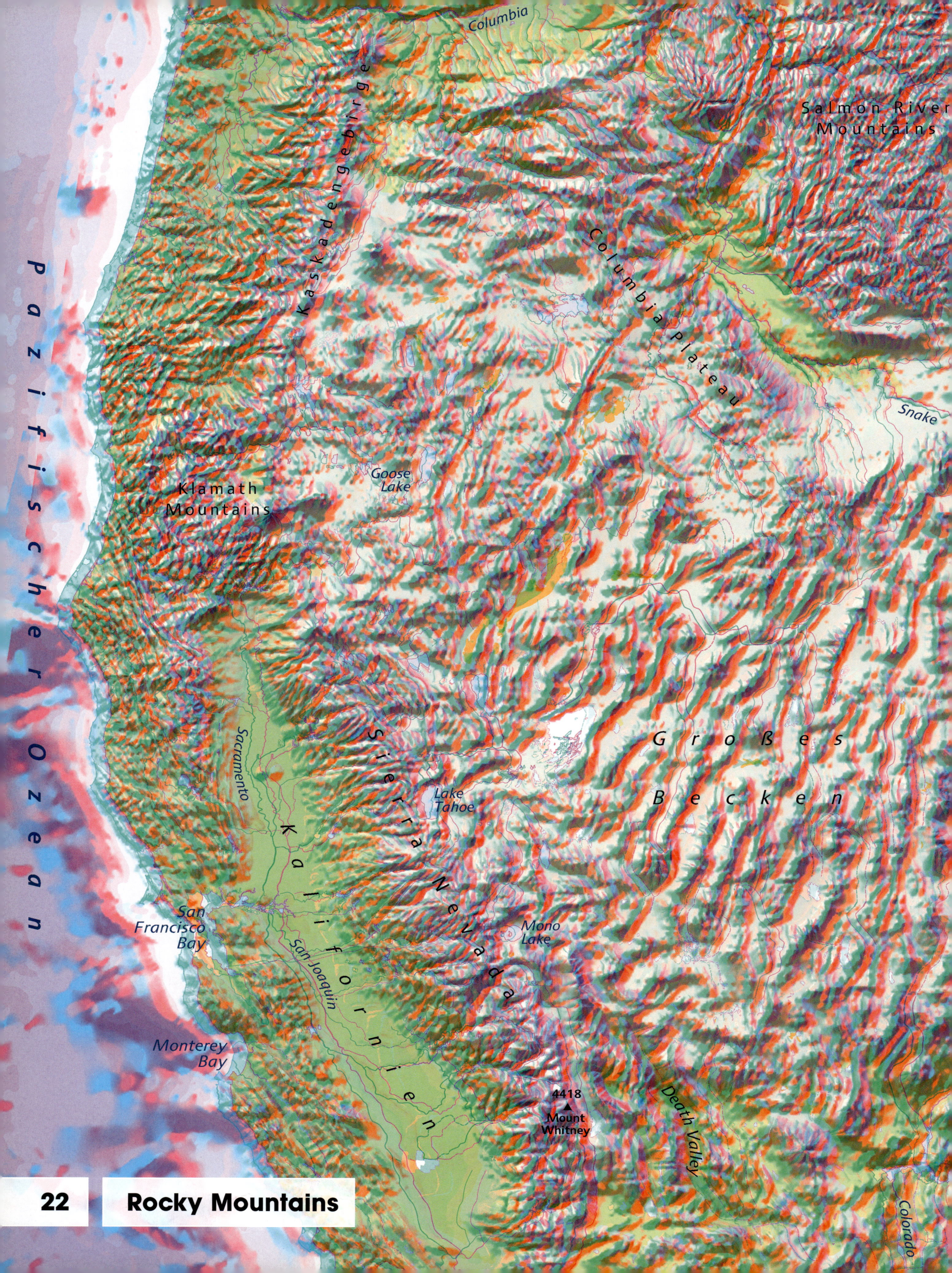

Pazifischer Ozean

Kaskadengebirge

Columbia

Salmon River Mountains

Columbia Plateau

Snake

Klamath Mountains

Goose Lake

Sierra Nevada

Großes Becken

Sacramento

Kalifornien

Lake Tahoe

San Francisco Bay

San Joaquin

Mono Lake

Monterey Bay

4418
Mount Whitney

Death Valley

Colorado

R O C K Y M o u n t a i n s

Bighorn
Mountains

Black
Hills

Cheyenne

51
ah Peak

Die Trecks der europäischen Pioniere mussten hierüber: Die Bergketten der Kordilleren nehmen den gesamten Westen Nordamerikas ein. Hohe Gebirgsketten umrahmen auch das Kalifornische Längstal, eines der wichtigsten Agrargebiete der USA. Östlich der Sierra Nevada liegt das Große Becken, dessen Boden von unzähligen kleinen Höhenzügen bedeckt wird. In diesem abflusslosen Becken versickern die meisten Flüsse. Der Colorado River am unteren Bildrand schafft es dagegen bis zum Pazifik. Auf seinem Weg durch das Colorado Plateau schneidet er sich in den Grand Canyon ein.

Great
Salt Lake

Unita Mountains

South Platte

alt
ke

esert

4396
▲
Mount
Elbert

Colorado

Sevier

Arkansas

C o l o r a d o   P l a t e a u

Grand Canyon

Rio Grande

Mount Saint Helens

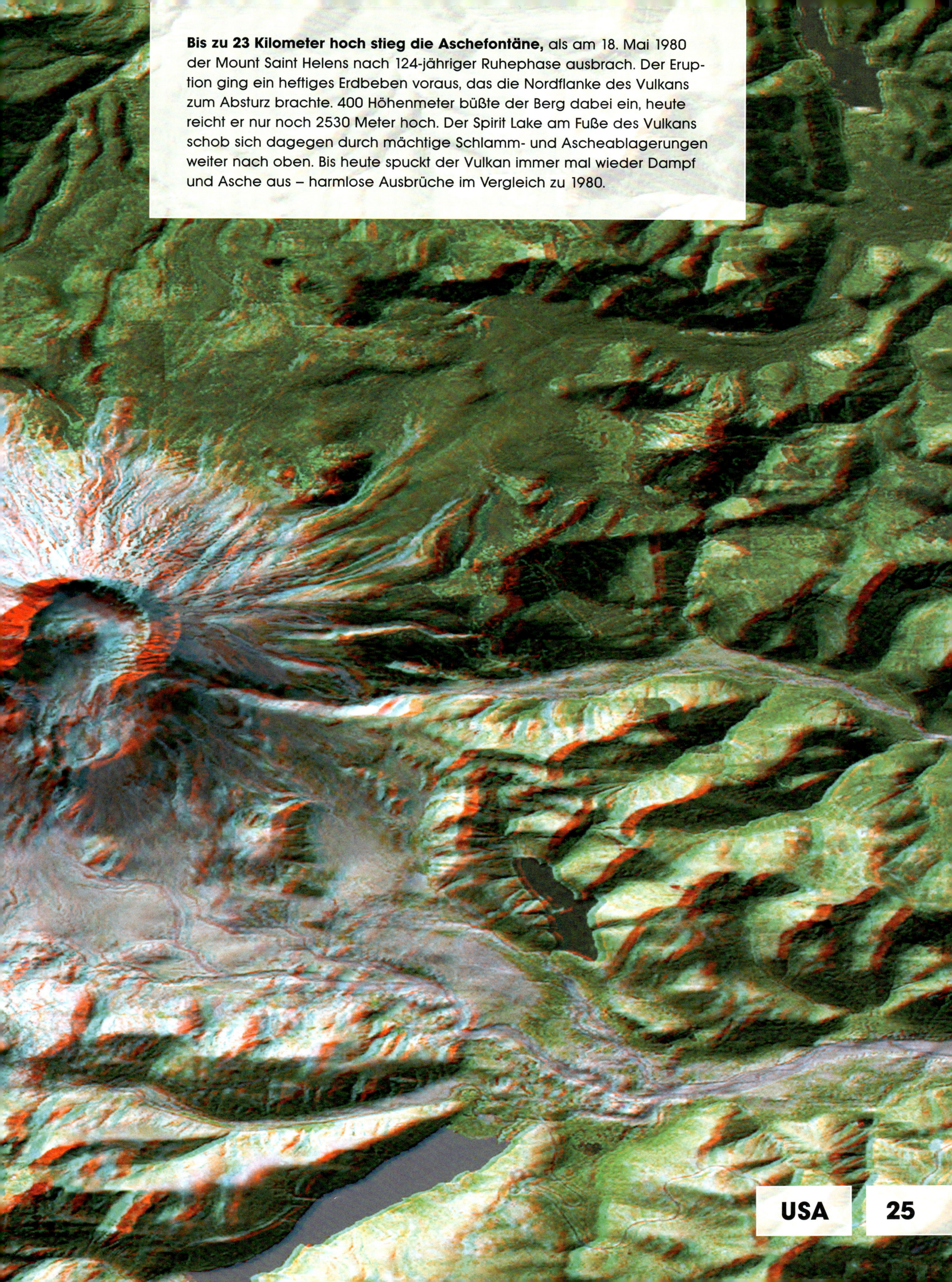

Bis zu 23 Kilometer hoch stieg die Aschefontäne, als am 18. Mai 1980 der Mount Saint Helens nach 124-jähriger Ruhephase ausbrach. Der Eruption ging ein heftiges Erdbeben voraus, das die Nordflanke des Vulkans zum Absturz brachte. 400 Höhenmeter büßte der Berg dabei ein, heute reicht er nur noch 2530 Meter hoch. Der Spirit Lake am Fuße des Vulkans schob sich dagegen durch mächtige Schlamm- und Ascheablagerungen weiter nach oben. Bis heute spuckt der Vulkan immer mal wieder Dampf und Asche aus – harmlose Ausbrüche im Vergleich zu 1980.

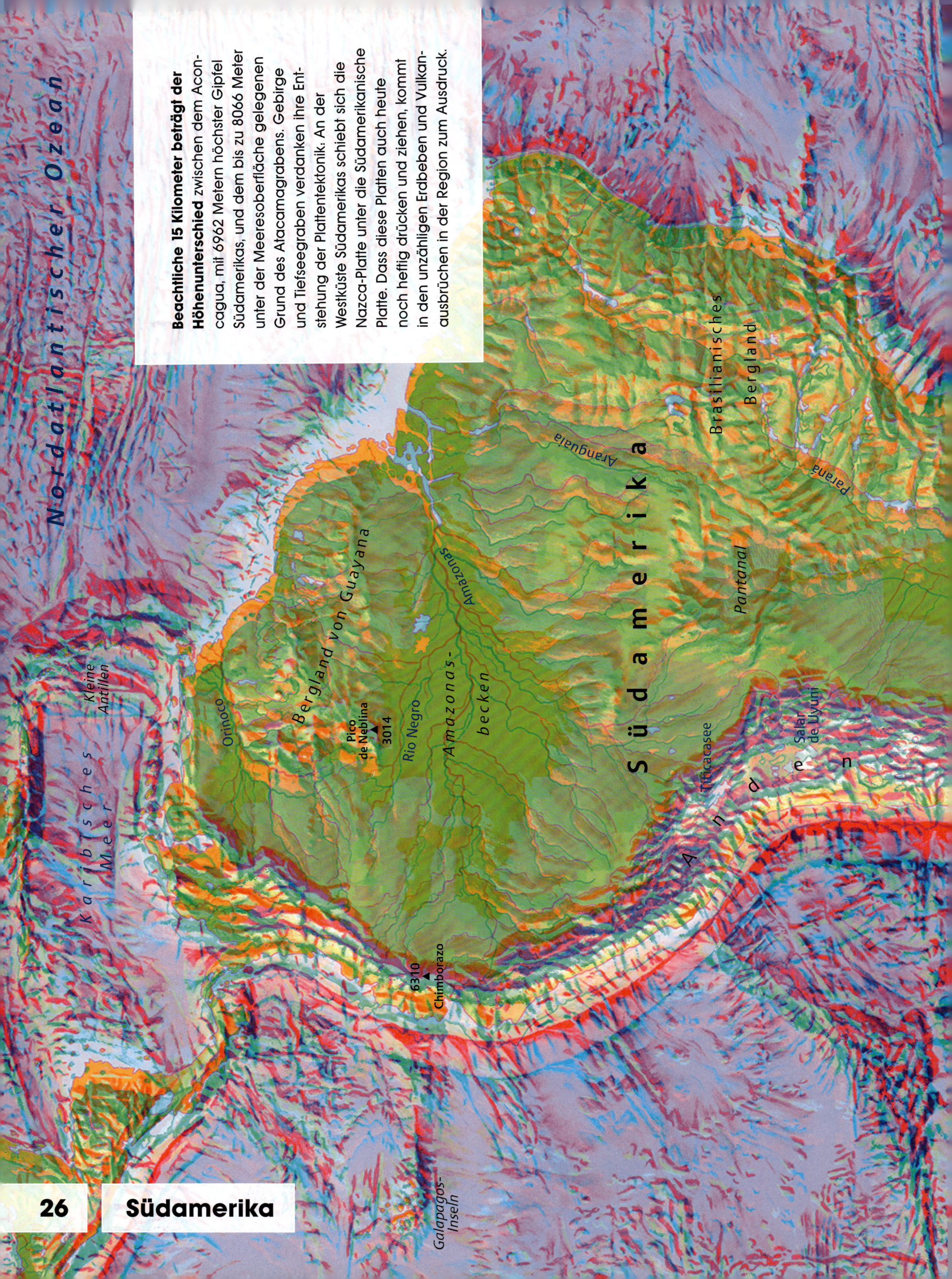

Beachtliche 15 Kilometer beträgt der Höhenunterschied zwischen dem Aconcagua, mit 6962 Metern höchster Gipfel Südamerikas, und dem bis zu 8066 Meter unter der Meeresoberfläche gelegenen Grund des Atacamagrabens. Gebirge und Tiefseegraben verdanken ihre Entstehung der Plattentektonik. An der Westküste Südamerikas schiebt sich die Nazca-Platte unter die Südamerikanische Platte. Dass diese Platten auch heute noch heftig drücken und ziehen, kommt in den unzähligen Erdbeben und Vulkanausbrüchen in der Region zum Ausdruck.

Nordatlantischer Ozean

Karibisches Meer

Kleine Antillen

Orinoco

Bergland von Guayana

Pico de Neblina ▲ 3014

Rio Negro

Amazonas-becken

Amazonas

Araguaia

Brasilianisches Bergland

Parana

Pantanal

Südamerika

Anden

Titicacasee

Salar de Uyuni

6310 ▲ *Chimborazo*

Galapagos-Inseln

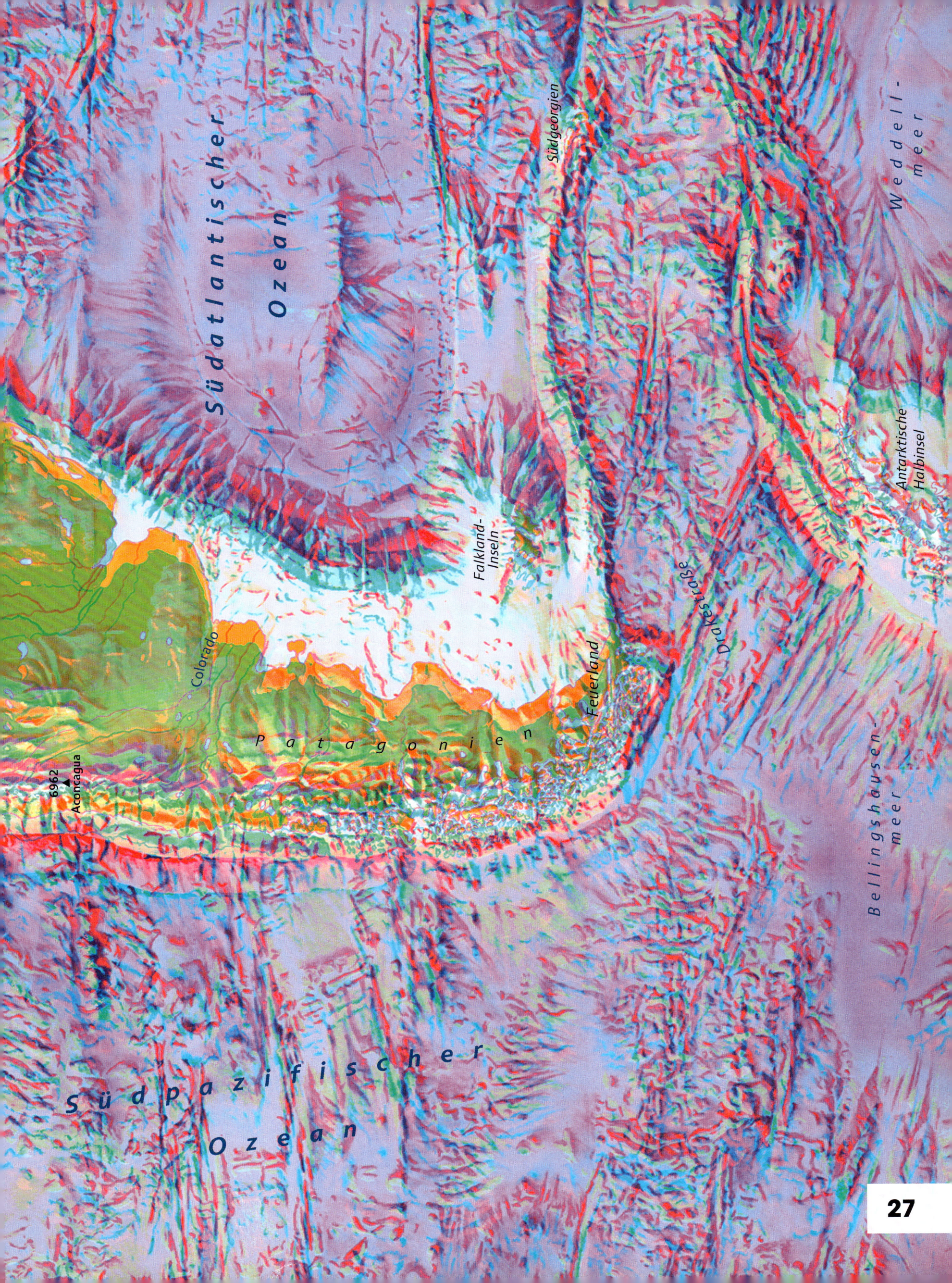

Südatlantischer

Ozean

Weddell-
meer

Südgeorgien

Antarktische
Halbinsel

Falkland-
Inseln

Drakestraße

Feuerland

Colorado

Bellingshausen-
meer

Patagonien

6962
▲
Aconcagua

Südpazifischer

Ozean

Als der amerikanische Archäologe Hiram Bingham 1911 die Inka-
stadt im Süden Perus entdeckte, war diese jahrhundertelang unter
dichtem Urwald verborgen gewesen. Die Anlage erstreckt sich auf
einem steilen Bergrücken in 2350 Meter Höhe, 500 Meter oberhalb
des Tals des Rio Urubamba. Im unteren Teil der Stadt liegen die
Wohnviertel und einfachen Gebäude, die oberen Abschnitte sind
den Palästen und Tempeln vorbehalten. Die Inka verstanden es auf
eindrucksvolle Weise, Höhenunterschiede durch in den Fels gehaue-
ne Steintreppen zu überwinden.

Nahuel Huapí

Als „argentinische Schweiz" wird die Gegend um den See Nahuel Huapí bezeichnet. Mit seinen langen Armen greift der See zwischen die schneebedeckten Gipfel der Patagonischen Kordillere. Fast 550 Quadratkilometer bedeckt das Gewässer, dessen Boden von den Gletschern der Eiszeit ausgeschürft wurde. Heute zählen der Nahuel Huapí und der nach ihm benannte Nationalpark zu den beliebtesten Tourismuszielen Argentiniens. Zentrum der Region ist die Stadt San Carlos de Bariloche, die auf einer Einebnung am Südufer des Sees – im Bild rechts oben – liegt.

Baikalsee

A s i e n

Mandschurei

Gobi

Ochotskisches
Meer

Sachalin

Kamtschatka

Kurilen

Beringmeer

Aleuten

Japanisches
Meer

Honshu

Gelbes
Meer

**N o r d p a z i f i s c h e r
O z e a n**

Hawaii-Inseln

Süd-
chinesisches
Meer

Philippinen

M i k r o n e s i e n

Borneo

M e l a n e s i e n

O z e a n i e n

Neuguinea

Samoa-Inseln

Korallen-
see

Fidschi-
Inseln

A u s t r a l i e n

Tasmanien

Tasmansee

Neuseeland

**I n d i s c h e r
O z e a n**

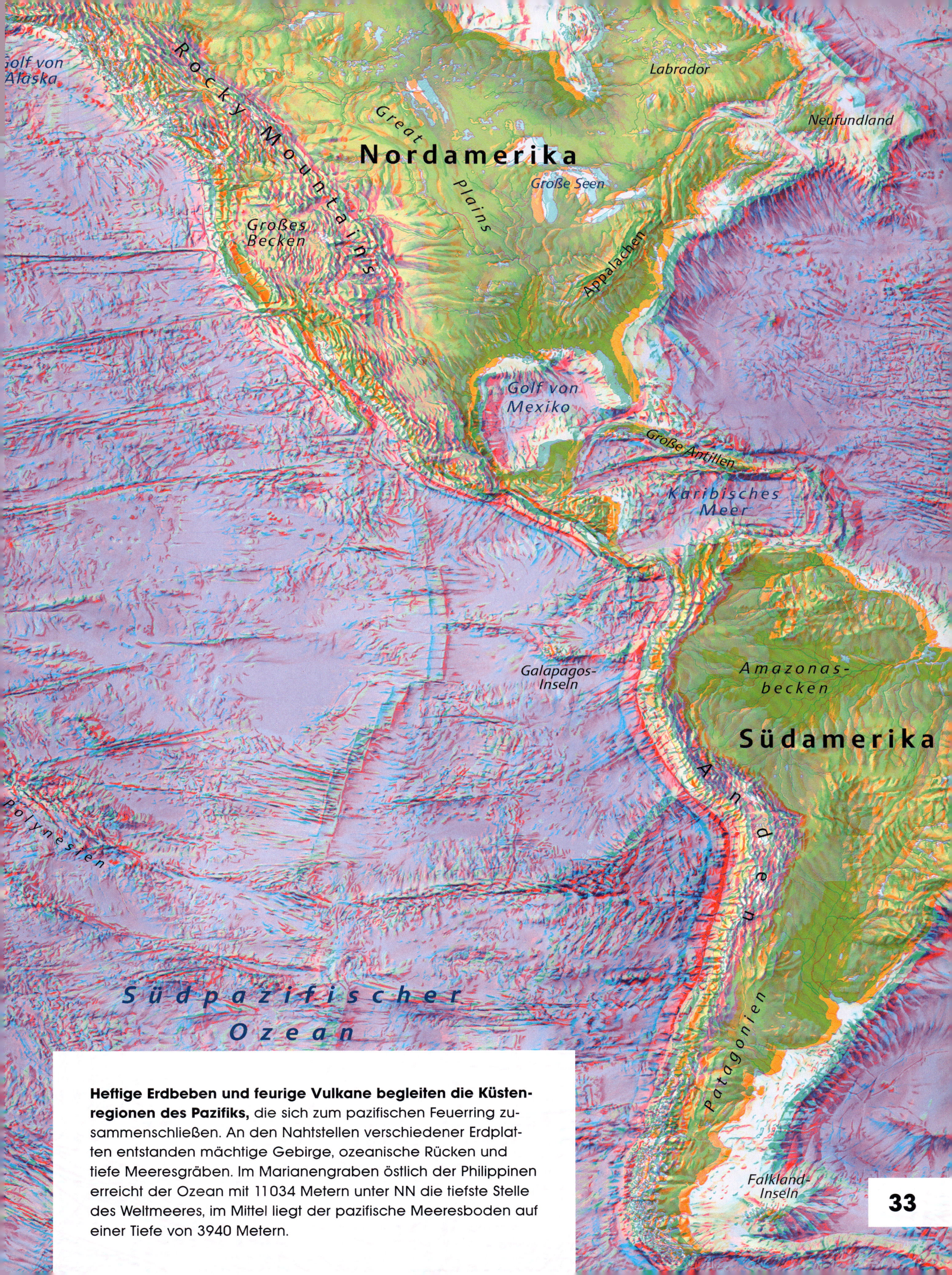

Golf von Alaska

Rocky Mountains

Great Plains

Labrador

Neufundland

Nordamerika

Große Seen

Großes Becken

Appalachen

Golf von Mexiko

Große Antillen

Karibisches Meer

Amazonas-becken

Galapagos-Inseln

Südamerika

Polynesien

A n d e n

S ü d p a z i f i s c h e r
O z e a n

Patagonien

Falkland-Inseln

Heftige Erdbeben und feurige Vulkane begleiten die Küsten-regionen des Pazifiks, die sich zum pazifischen Feuerring zu-sammenschließen. An den Nahtstellen verschiedener Erdplat-ten entstanden mächtige Gebirge, ozeanische Rücken und tiefe Meeresgräben. Im Marianengraben östlich der Philippinen erreicht der Ozean mit 11034 Metern unter NN die tiefste Stelle des Weltmeeres, im Mittel liegt der pazifische Meeresboden auf einer Tiefe von 3940 Metern.

33

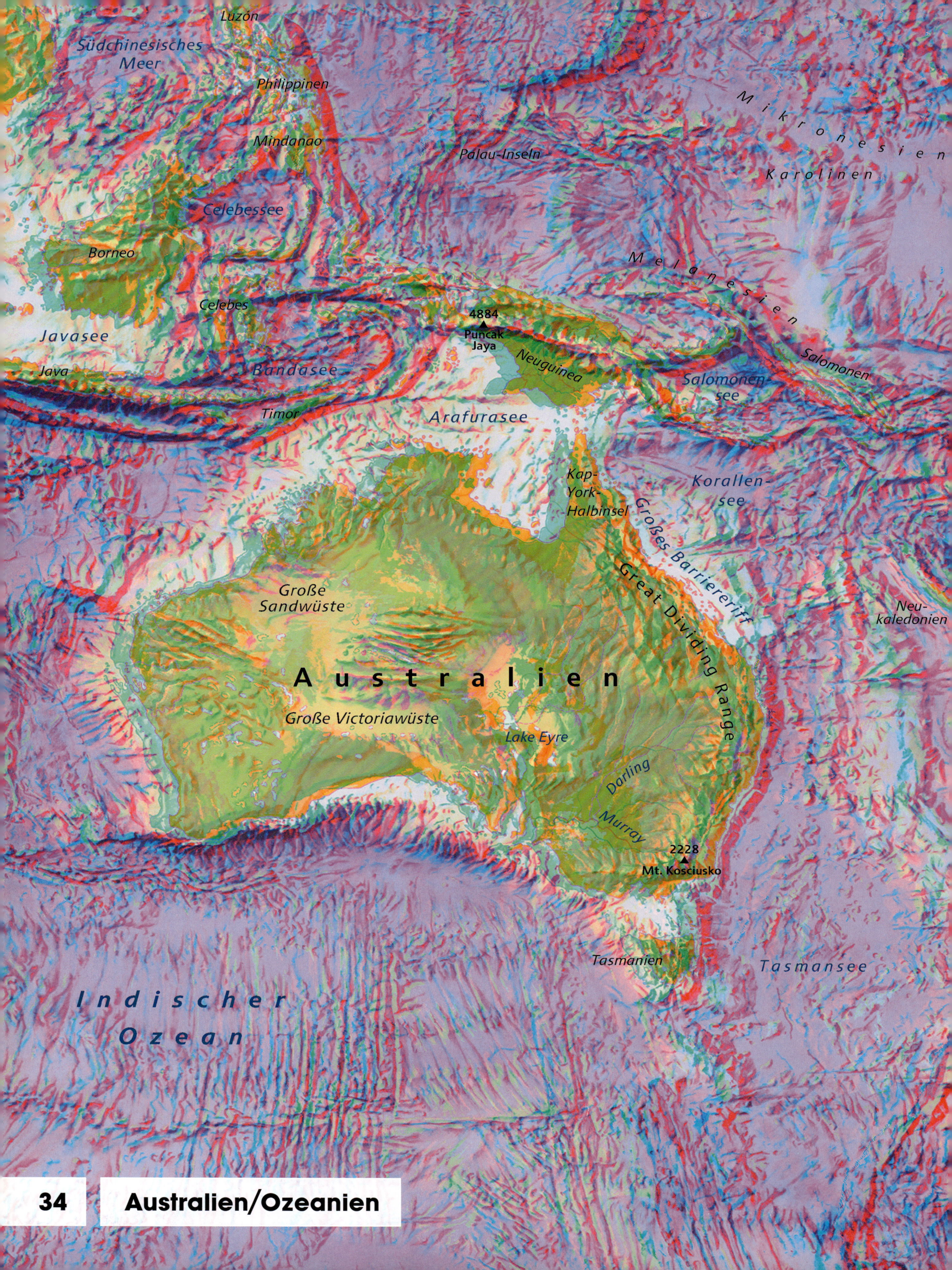

Südchinesisches
Meer
Luzón
Philippinen
Mindanao
Celebessee
Borneo
Celebes
Javasee
Java
Bandasee
Timor
Palau-Inseln
Mikronesien
Karolinen
Melanesien
Salomonen
4884
Puncak
Jaya
Neuguinea
Salomonen-
see
Arafurasee
Korallen-
see
Kap-
York-
-Halbinsel
Großes Barriereriff
Great Dividing Range
Neu-
kaledonien
Große
Sandwüste
A u s t r a l i e n
Große Victoriawüste
Lake Eyre
Darling
Murray
2228
Mt. Kosciusko
Tasmanien
Tasmansee
Indischer
Ozean

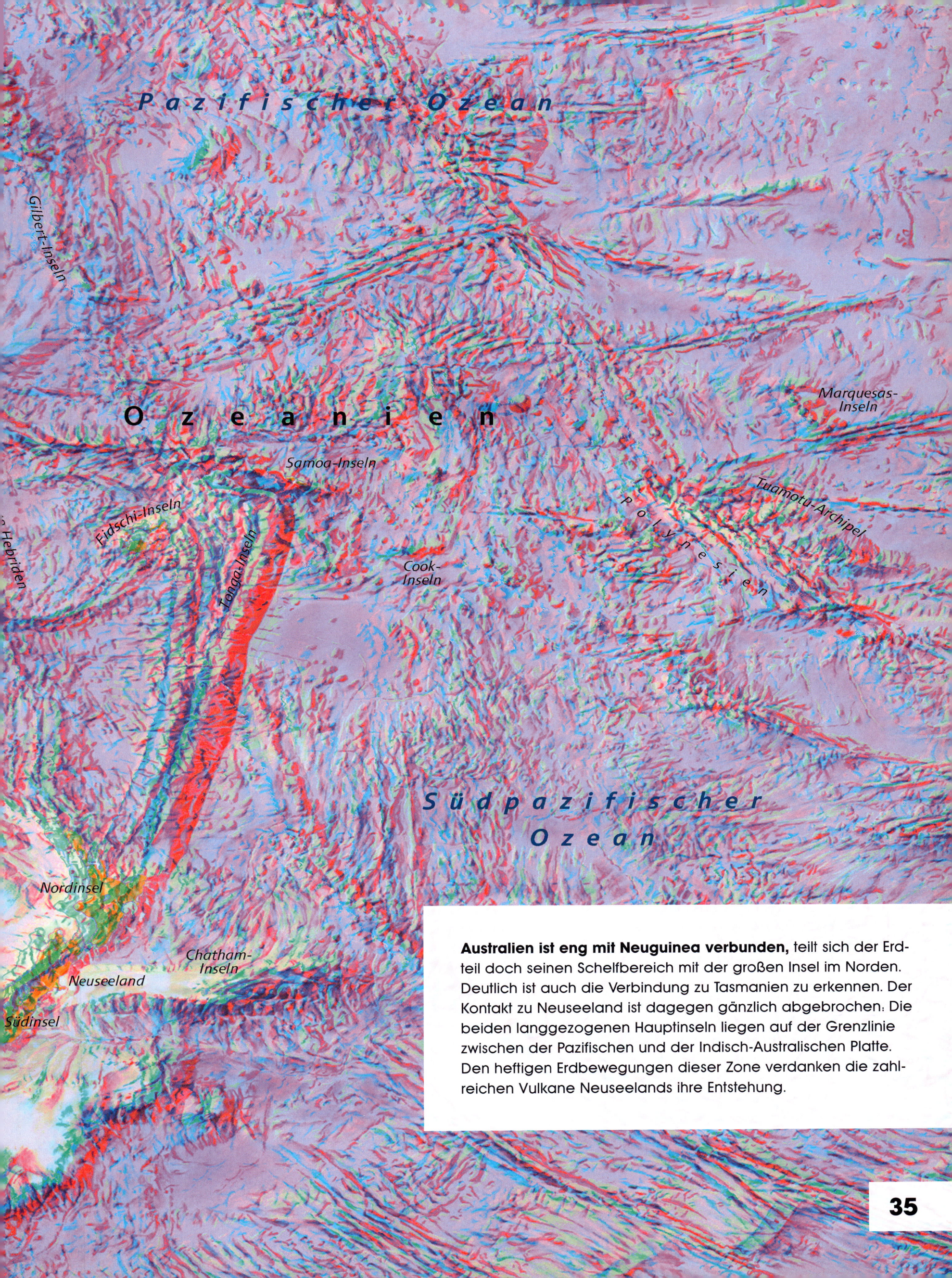

Pazifischer Ozean

Gilbert-Inseln

Ozeanien

Marquesas-Inseln

Samoa-Inseln

Tuamotu-Archipel

Fidschi-Inseln

Polynesien

Tonga-Inseln

Cook-Inseln

Hebriden

Südpazifischer Ozean

Nordinsel

Chatham-Inseln

Neuseeland

Südinsel

Australien ist eng mit Neuguinea verbunden, teilt sich der Erd-teil doch seinen Schelfbereich mit der großen Insel im Norden. Deutlich ist auch die Verbindung zu Tasmanien zu erkennen. Der Kontakt zu Neuseeland ist dagegen gänzlich abgebrochen. Die beiden langgezogenen Hauptinseln liegen auf der Grenzlinie zwischen der Pazifischen und der Indisch-Australischen Platte. Den heftigen Erdbewegungen dieser Zone verdanken die zahl-reichen Vulkane Neuseelands ihre Entstehung.

Sie sehen aus wie geschichtete Pfannkuchen, doch vom Verzehr wird abgeraten: Die Pancake Rocks im neuseeländischen Paparoa-Nationalpark bestehen aus weichem Kalkgestein. Wind und Wasser schnitten tiefe Canyons und Höhlen in diese Ablagerungen. In den nahezu senkrechten Wänden kommen unterschiedlich harte und farblich wechselnde Schichten zum Vorschein. Dringen Brandungswellen der nahe gelegenen Tasmanischen See in die engen Röhren und Löcher der Höhlen, schießt das Wasser in spektakulären Fontänen in die Höhe.

Mount Cook

Aorangi – Durchbohrer der Wolken – nennen die Maori den höchsten Berg ihrer Heimat Neuseeland. Der Name ist Programm: Mit seinen 3754 Metern durchstößt der in den Südalpen gelegene Mount Cook oftmals eine dichte Wolkendecke. Am Südhang sucht sich der 27 Kilometer lange Tasmangletscher seinen Weg ins Tal, um dort in die Tasmansee zu münden. Der Schutt auf der Oberfläche des unteren Gletscherabschnitts stammt von den benachbarten Hängen und wird mit dem Gletscher talabwärts transportiert.

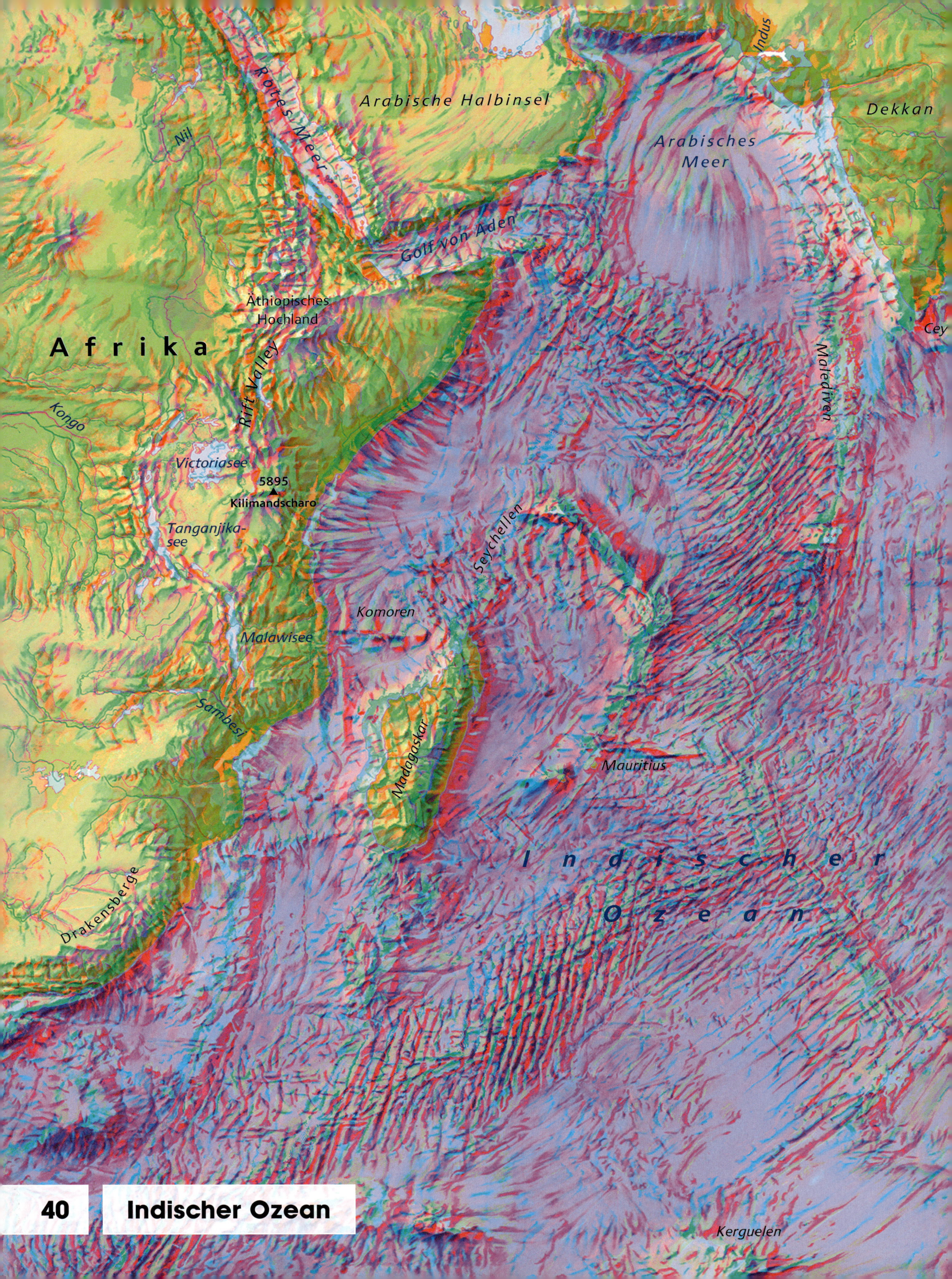

Nil

Rotes Meer

Arabische Halbinsel

Indus

Dekkan

Arabisches
Meer

Golf von Aden

Äthiopisches
Hochland

A f r i k a

Rift Valley

Malediven

Cey

Kongo

Victoriasee

5895
▲
Kilimandscharo

Tanganjika-
see

Seychellen

Malawisee

Komoren

Madagaskar

Mauritius

Sambesi

I n d i s c h e r

O z e a n

Drakensberge

Kerguelen

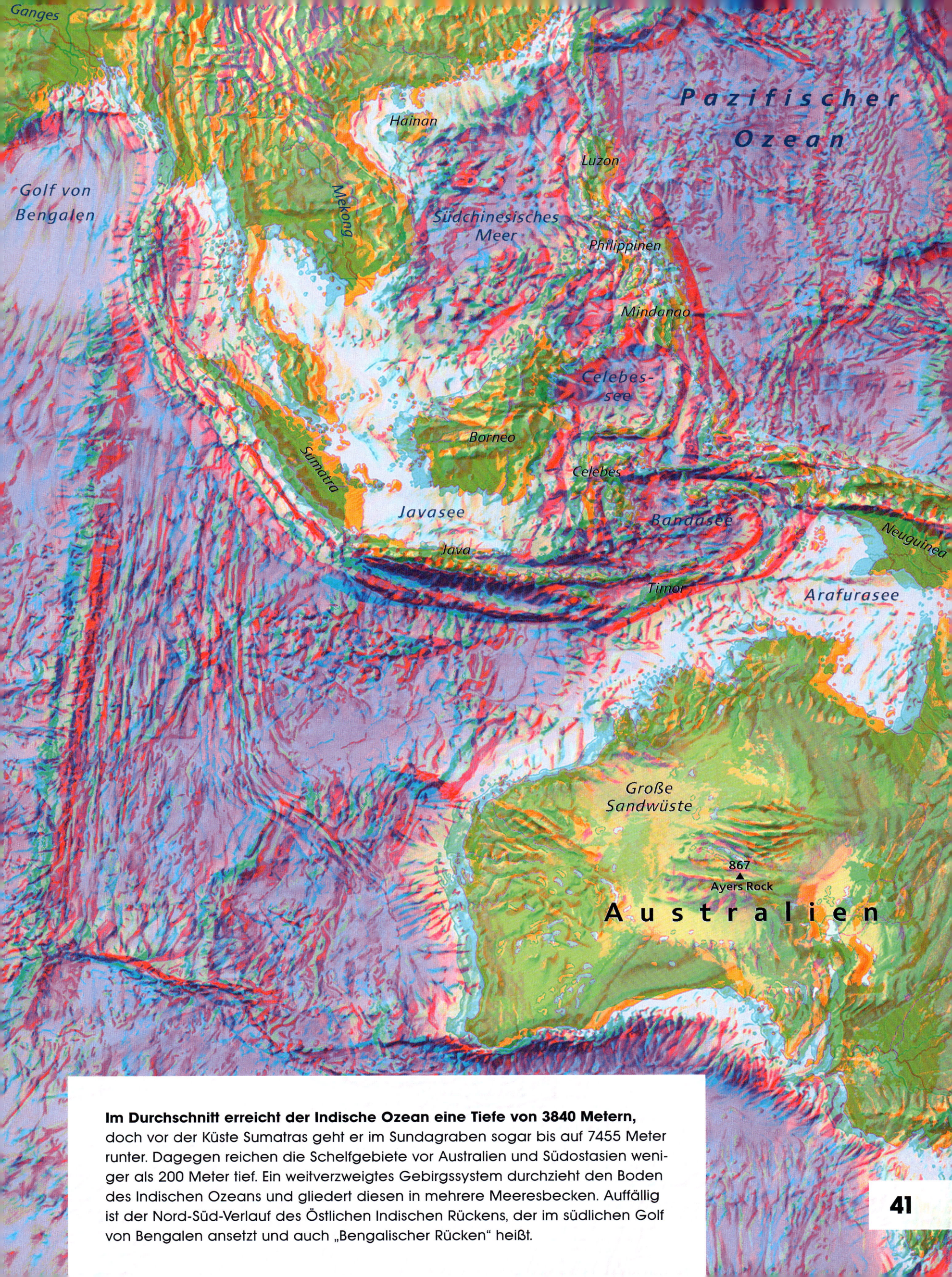

Ganges

Golf von
Bengalen

Hainan

Luzon

Mekong

Südchinesisches
Meer

Philippinen

Mindanao

Celebes-
see

Sumatra

Borneo

Celebes

Javasee

Bandasee

Java

Neuguinea

Timor

Arafurasee

P a z i f i s c h e r
O z e a n

Große
Sandwüste

867
▲
Ayers Rock

A u s t r a l i e n

Im Durchschnitt erreicht der Indische Ozean eine Tiefe von 3840 Metern,
doch vor der Küste Sumatras geht er im Sundagraben sogar bis auf 7455 Meter
runter. Dagegen reichen die Schelfgebiete vor Australien und Südostasien weniger als 200 Meter tief. Ein weitverzweigtes Gebirgssystem durchzieht den Boden
des Indischen Ozeans und gliedert diesen in mehrere Meeresbecken. Auffällig
ist der Nord-Süd-Verlauf des Östlichen Indischen Rückens, der im südlichen Golf
von Bengalen ansetzt und auch „Bengalischer Rücken" heißt.

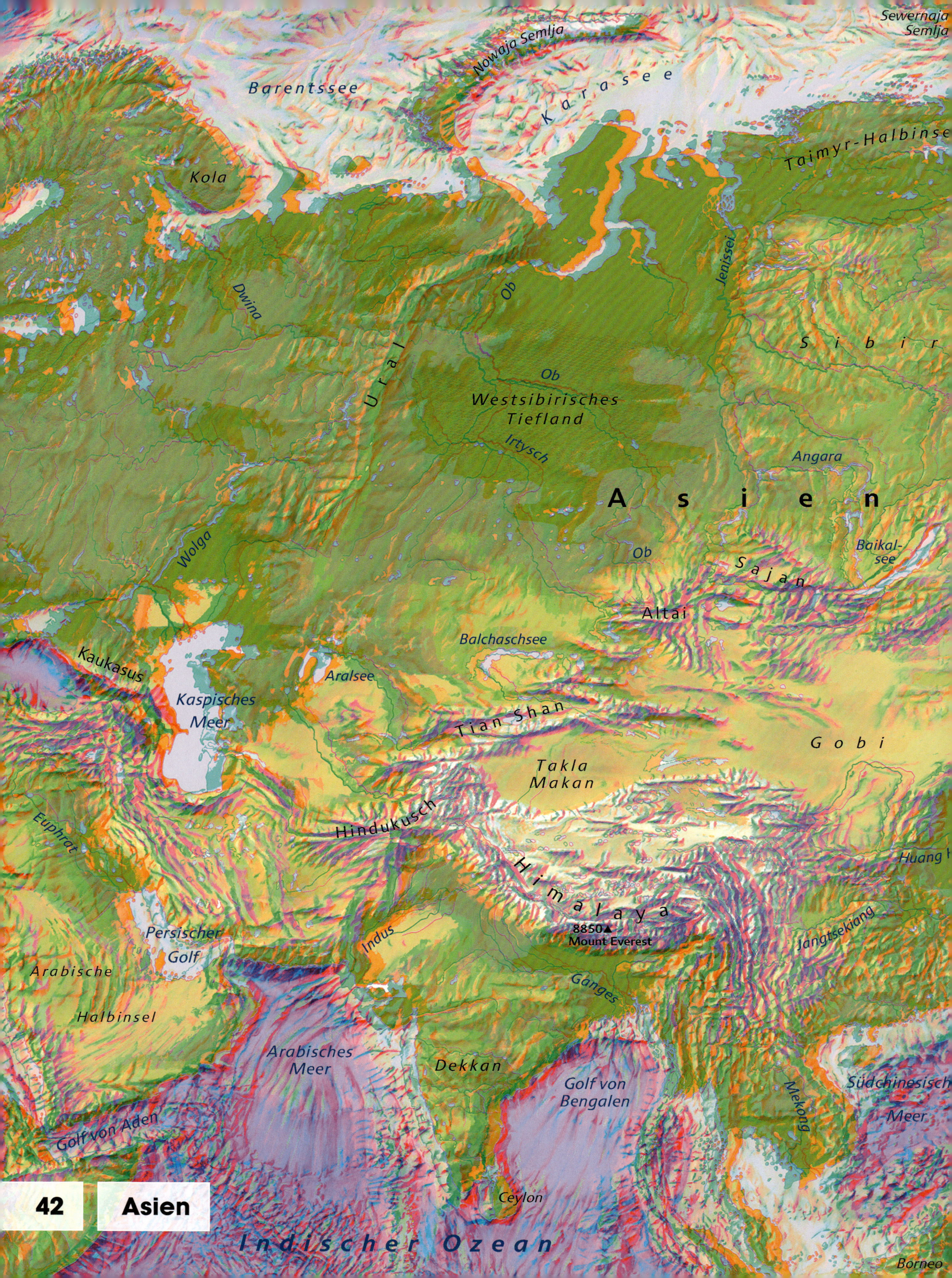

Barentssee

Sewernaja Semlja

Nowaja Semlja

Karasee

Taimyr-Halbinsel

Kola

Dwina

Ob

Jenissei

S i b i r

U r a l

Ob

Westsibirisches Tiefland

Irtysch

A s i e n

Angara

Ob

Baikalsee

S a j a n

Altai

Balchaschsee

Wolga

Aralsee

Tian Shan

G o b i

Kaukasus

Kaspisches Meer

Takla Makan

Hindukusch

Huang H

Euphrat

H i m a l a y a

Jangtsekiang

Persischer Golf

Indus

8850▲ Mount Everest

Arabische

Ganges

Mekong

Halbinsel

Arabisches Meer

Dekkan

Golf von Bengalen

Südchinesisches Meer

Golf von Aden

Ceylon

Borneo

I n d i s c h e r   O z e a n

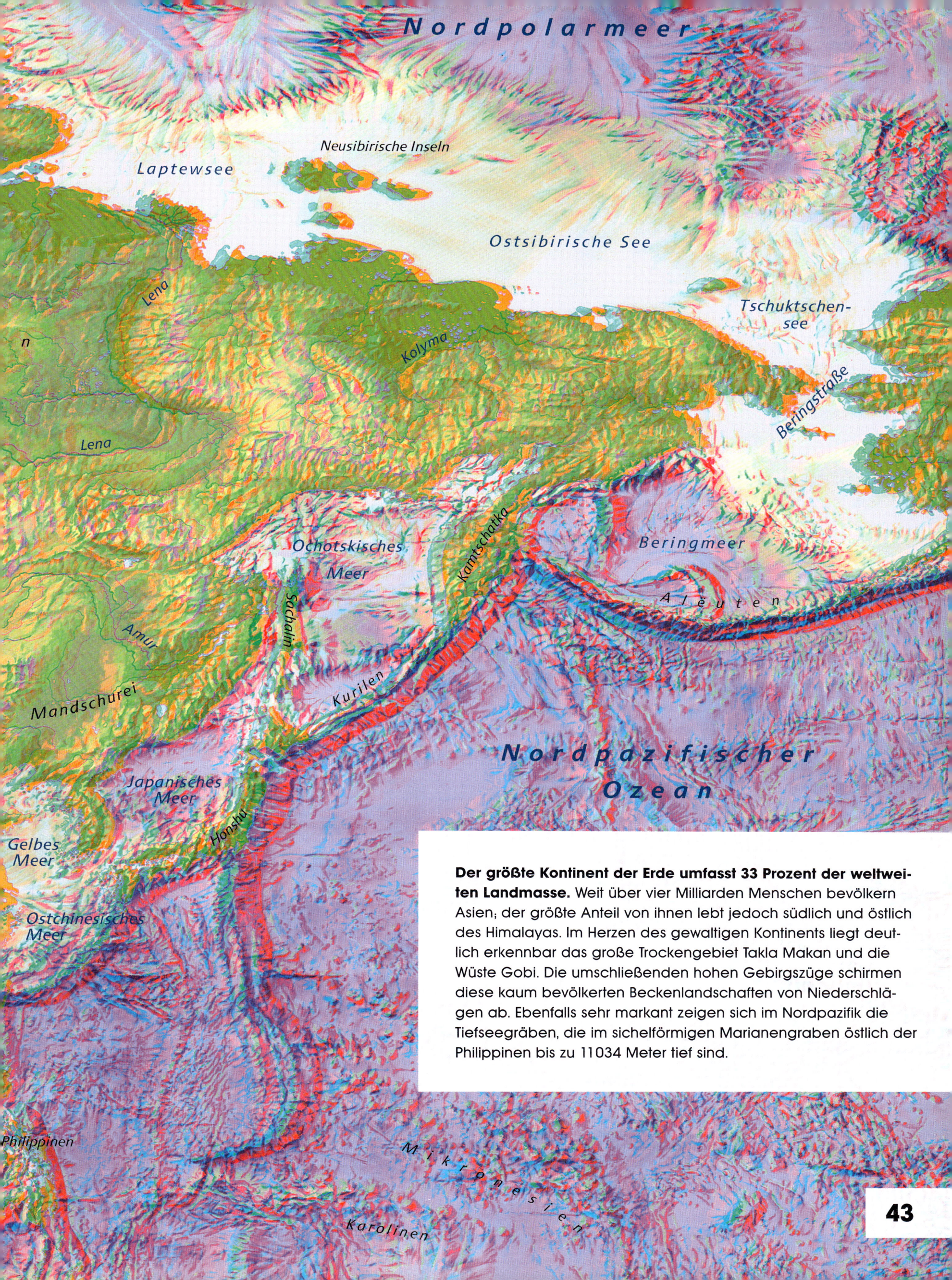

Nordpolarmeer

Laptewsee

Neusibirische Inseln

Ostsibirische See

Tschuktschen-
see

Lena

Kolyma

Beringstraße

Lena

Ochotskisches
Meer

Beringmeer

Kamtschatka

Aleuten

Sachalin

Amur

Kurilen

Mandschurei

**Nordpazifischer
Ozean**

Japanisches
Meer

Honshu

Gelbes
Meer

Ostchinesisches
Meer

**Der größte Kontinent der Erde umfasst 33 Prozent der weltwei-
ten Landmasse.** Weit über vier Milliarden Menschen bevölkern
Asien; der größte Anteil von ihnen lebt jedoch südlich und östlich
des Himalayas. Im Herzen des gewaltigen Kontinents liegt deutlich erkennbar das große Trockengebiet Takla Makan und die
Wüste Gobi. Die umschließenden hohen Gebirgszüge schirmen
diese kaum bevölkerten Beckenlandschaften von Niederschlä-
gen ab. Ebenfalls sehr markant zeigen sich im Nordpazifik die
Tiefseegräben, die im sichelförmigen Marianengraben östlich der
Philippinen bis zu 11034 Meter tief sind.

Philippinen

Mikronesien

Karolinen

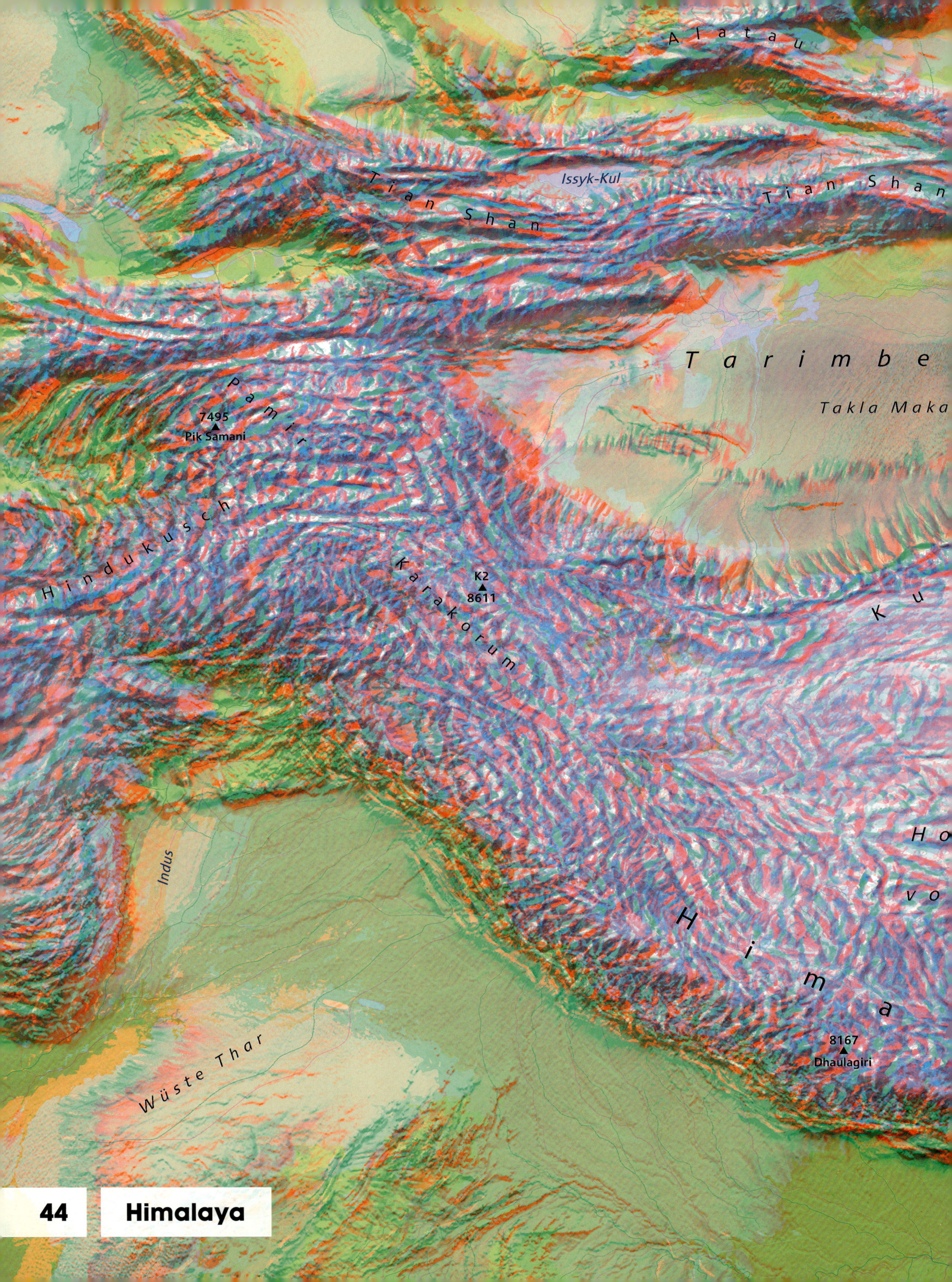

Alatau

Tian Shan

Issyk-Kul

Tian Shan

Tarimbe

Takla Maka

Pamir

7495
▲
Pik Samani

Hindukusch

Karakorum

K2
▲
8611

Ku

Ho

vo

Indus

H

i

m

a

8167
▲
Dhaulagiri

Wüste Thar

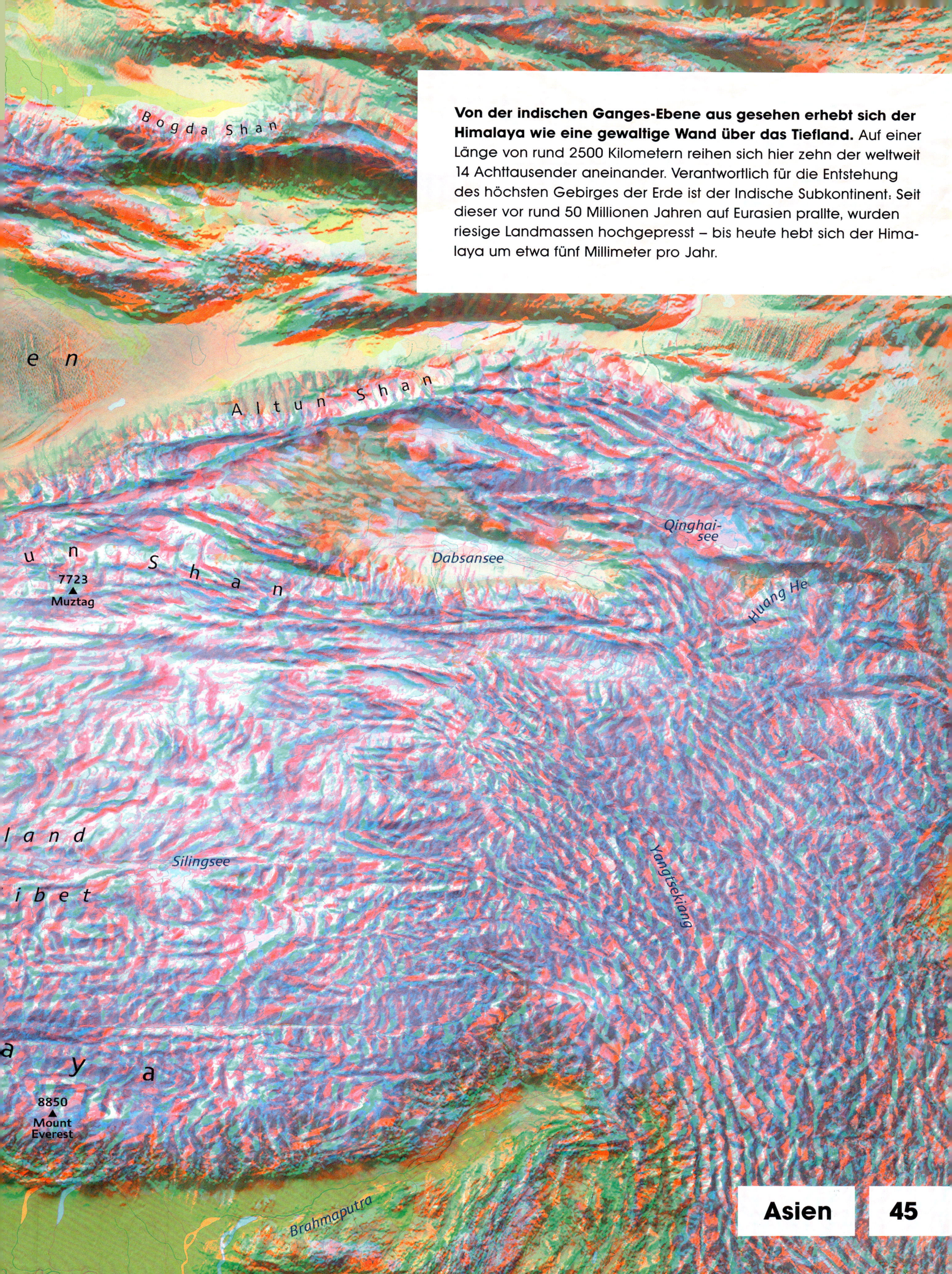

Bogda Shan

Altun Shan

e n

Qinghai-
see

Dabsansee

u n   S h a n

Huang He

▲
7723
Muztag

l a n d

Silingsee

i b e t

Yangtsekiang

a

y   a

8850
▲
Mount
Everest

Brahmaputra

Von der indischen Ganges-Ebene aus gesehen erhebt sich der Himalaya wie eine gewaltige Wand über das Tiefland. Auf einer Länge von rund 2500 Kilometern reihen sich hier zehn der weltweit 14 Achttausender aneinander. Verantwortlich für die Entstehung des höchsten Gebirges der Erde ist der Indische Subkontinent: Seit dieser vor rund 50 Millionen Jahren auf Eurasien prallte, wurden riesige Landmassen hochgepresst – bis heute hebt sich der Himalaya um etwa fünf Millimeter pro Jahr.

Wie von Zauberhand geschaffen erheben sich bizarre Kegel und Kamine aus dem inneranatolischen Hochland der Türkei. „Feenkamine" werden die bis zu 30 Meter hohen Figuren genannt, doch statt Feen haben Menschen hier ihre Vorratskammern und Behausungen angelegt. Entstanden sind die Steinformationen aus unterschiedlich harten vulkanischen Ablagerungen: Während das tiefer gelegene weiche Tuffgestein der Abtragung durch Wind und Wasser kaum Widerstand leisten konnte, setzte eine härtere Gesteinsschicht der Spitze der Kegel einen schützenden Hut auf.

Nordatlantischer

Ozean

Kanarische
Inseln

Atlas

Hoggar

Sahara

Kapverdische
Inseln

Niger

Die Oberflächenform des afrikanischen Kontinents erschließt sich besonders in der „dritten Dimension": Afrikas Küstenstreifen sind meistens sehr schmal und steigen anschließend steil auf. Während in Nord-, Zentral- und Südafrika Tafelländer mit einer durchschnittlichen Höhe von unter 900 Metern dominieren, finden sich im sogenannten Hochafrika im Osten Gebirgshöhen von bis zu 5895 Metern, so im höchsten Berg Afrikas, dem Kilimandscharo.

Golf von Guinea

St. Helena

Südatlantischer

Ozean

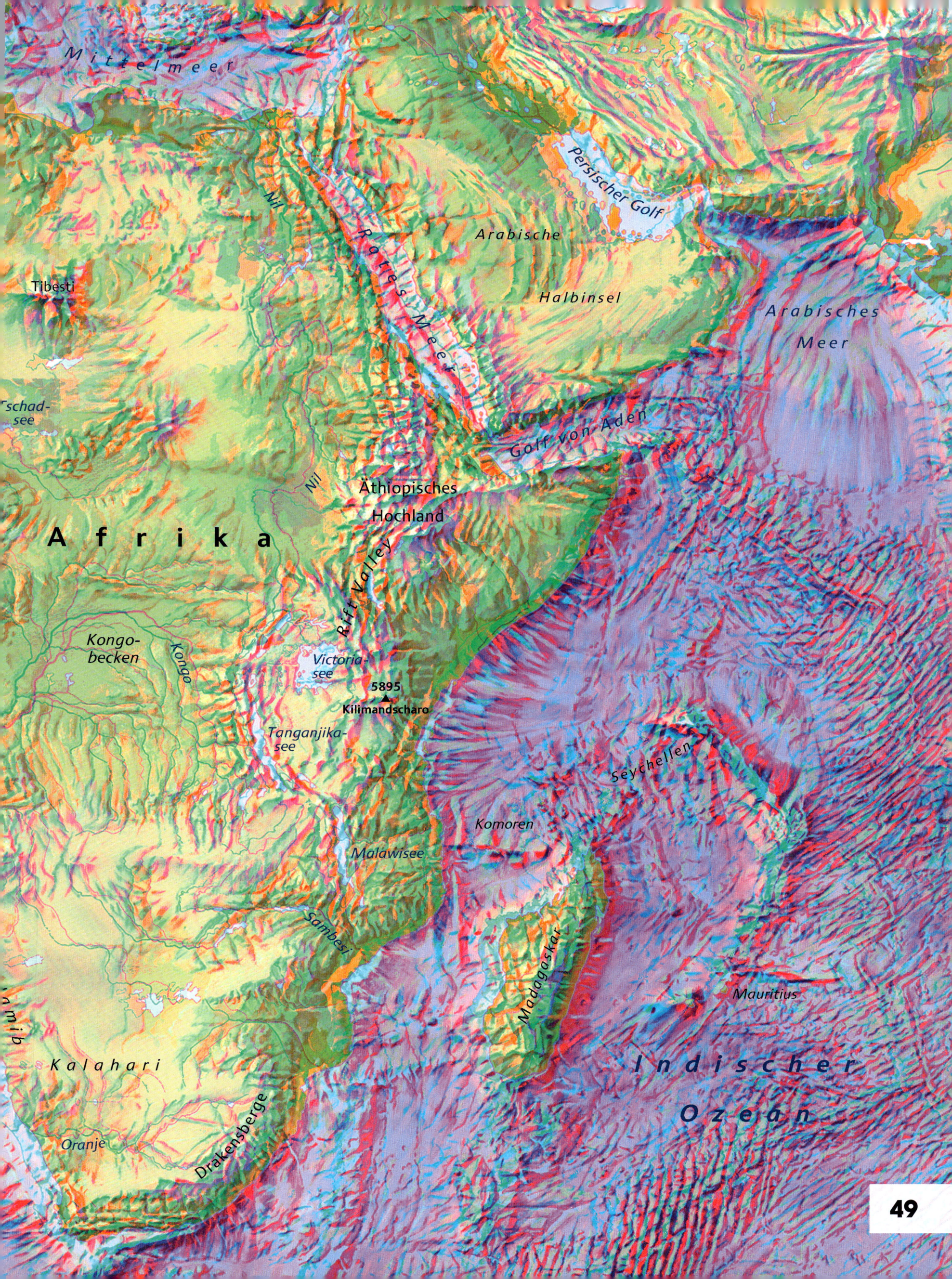

Mittelmeer

Persischer Golf

Nil

Rotes Meer

Arabische

Tibesti

Halbinsel

Arabisches
Meer

Tschad-
see

Golf von Aden

Nil

Äthiopisches
Hochland

A f r i k a

Kongo-
becken

Rift Valley

Kongo

Victoria-
see

5895
Kilimandscharo

Tanganjika-
see

Seychellen

Komoren

Malawisee

Madagaskar

Mauritius

Sambesi

amib

Kalahari

I n d i s c h e r

Oranje

Drakensberge

O z e a n

49

Wer hat der Sphinx die Nase abgeschlagen? Das Bombardement der Kanoniere Napoleons? War es Cäsars Rache an Kleopatra? Oder gar die tollpatschigen Einwohner eines kleinen gallischen Dorfes? Nein, alles falsch: Wissenschaftler gehen von einem wütenden Derwisch namens Mohamed Saim el-Dahr aus, der aus Gottesfurcht das Bildnis der erhabenen Wächterin von Gizeh verunstaltet haben soll. Doch ihre mythische Anmut konnte die Sphinx dennoch bis heute bewahren. Noch immer ruht die Sandsteinfigur vor der Chephren-Pyramide – und das bereits seit über 4600 Jahren.

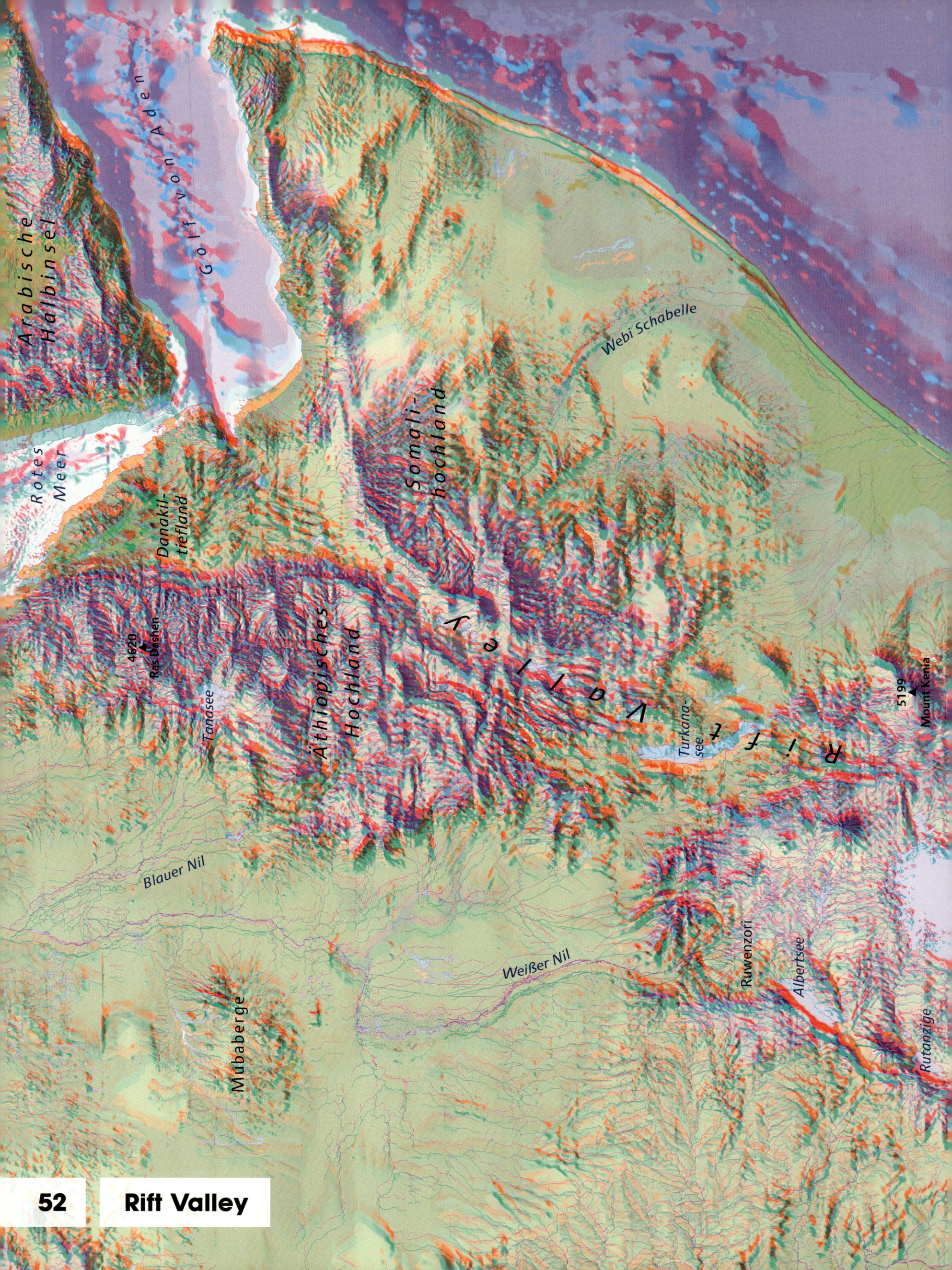

Arabische Halbinsel

Golf von Aden

Rotes Meer

Webi Schabelle

Danakil-tiefland

Somali-hochland

4620 Ras Daschen

Tanasee

Äthiopisches Hochland

Rift Valley

Turkana-see

5199 Mount Kenia

Blauer Nil

Weißer Nil

Mubaberge

Ruwenzori

Albertsee

Rutanzige

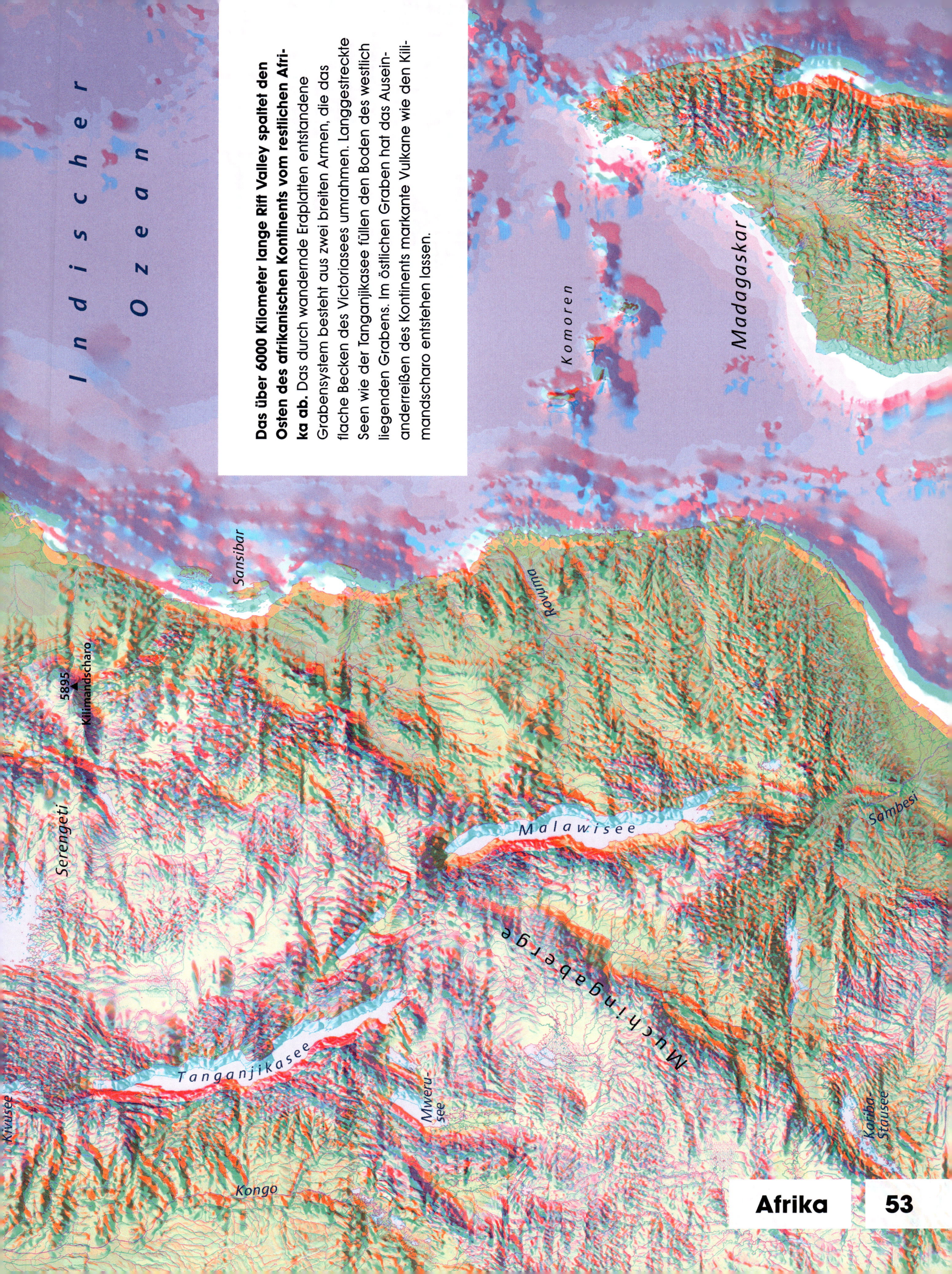

Indischer Ozean

Das über 6000 Kilometer lange Rift Valley spaltet den Osten des afrikanischen Kontinents vom restlichen Afrika ab. Das durch wandernde Erdplatten entstandene Grabensystem besteht aus zwei breiten Armen, die das flache Becken des Victoriasees umrahmen. Langgestreckte Seen wie der Tanganjikasee füllen den Boden des westlich liegenden Grabens. Im östlichen Graben hat das Auseinanderreißen des Kontinents markante Vulkane wie den Kilimandscharo entstehen lassen.

Komoren

Madagaskar

Sansibar

Rovuma

5895
▲
Kilimandscharo

Serengeti

Malawisee

Sambesi

Muchingaberge

Kiwusee

Tanganjikasee

Mweru-see

Koliba-Stausee

Kongo

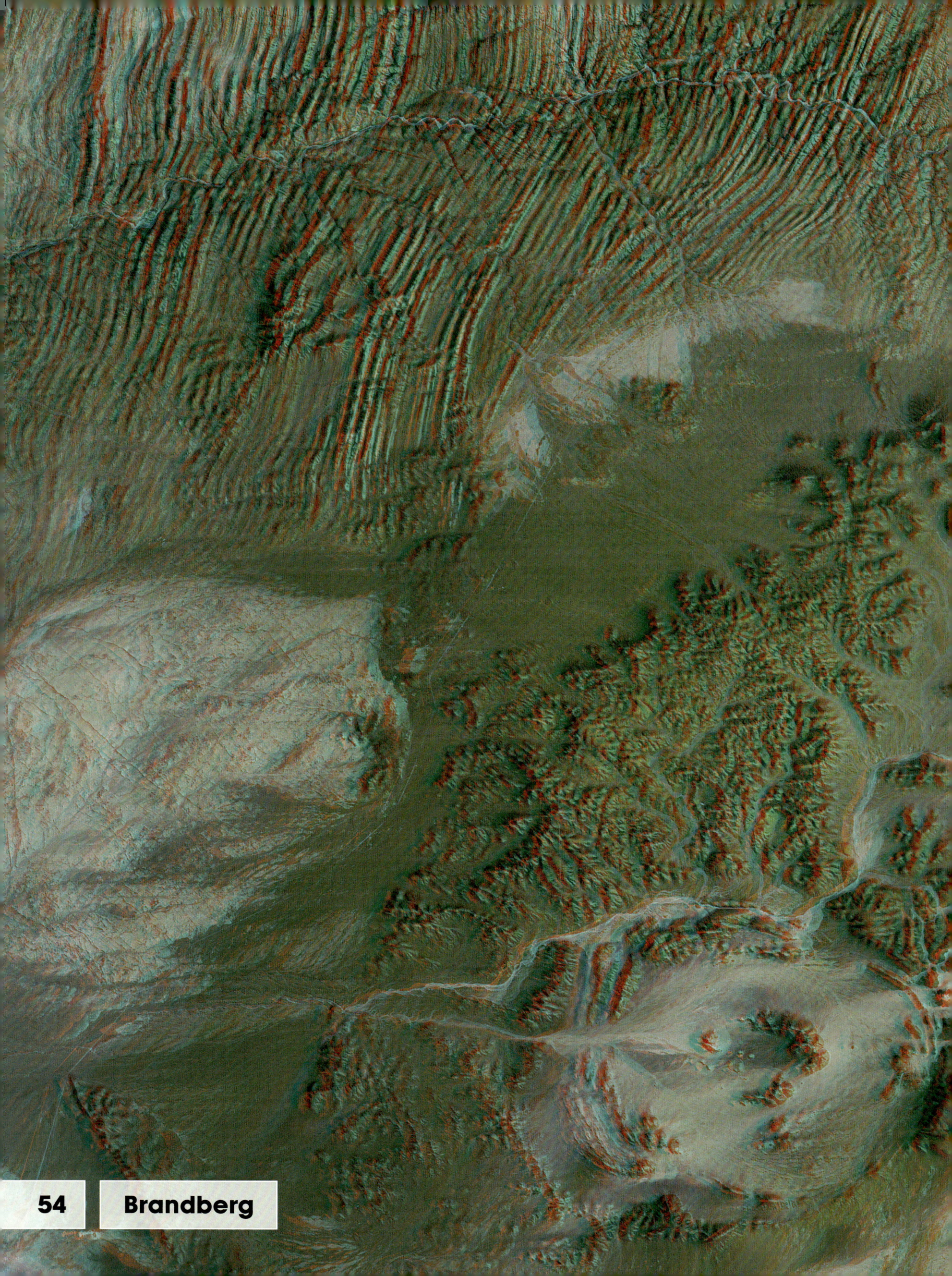

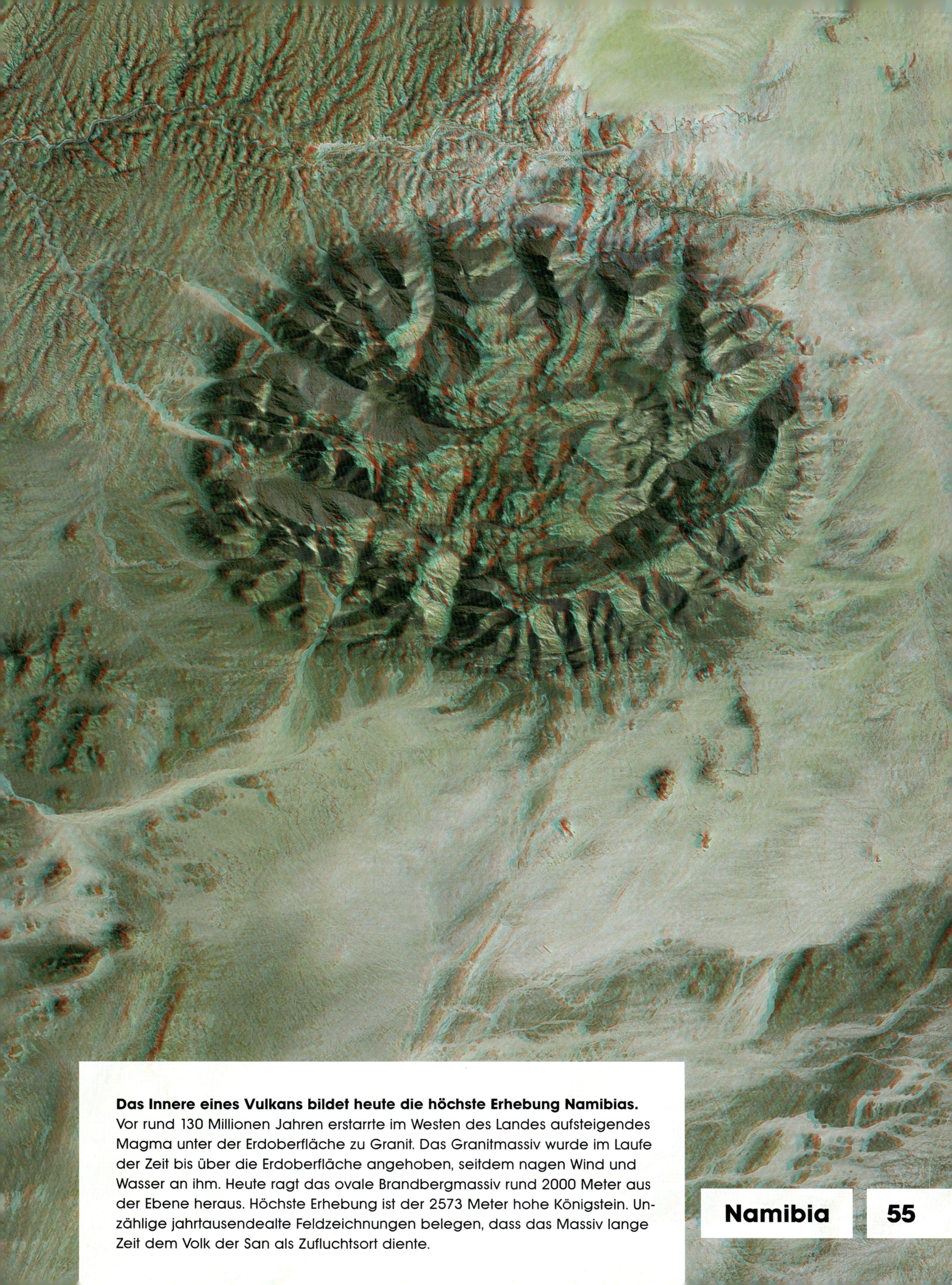

Das Innere eines Vulkans bildet heute die höchste Erhebung Namibias.
Vor rund 130 Millionen Jahren erstarrte im Westen des Landes aufsteigendes
Magma unter der Erdoberfläche zu Granit. Das Granitmassiv wurde im Laufe
der Zeit bis über die Erdoberfläche angehoben, seitdem nagen Wind und
Wasser an ihm. Heute ragt das ovale Brandbergmassiv rund 2000 Meter aus
der Ebene heraus. Höchste Erhebung ist der 2573 Meter hohe Königstein. Un-
zählige jahrtausendealte Feldzeichnungen belegen, dass das Massiv lange
Zeit dem Volk der San als Zufluchtsort diente.

Namibia

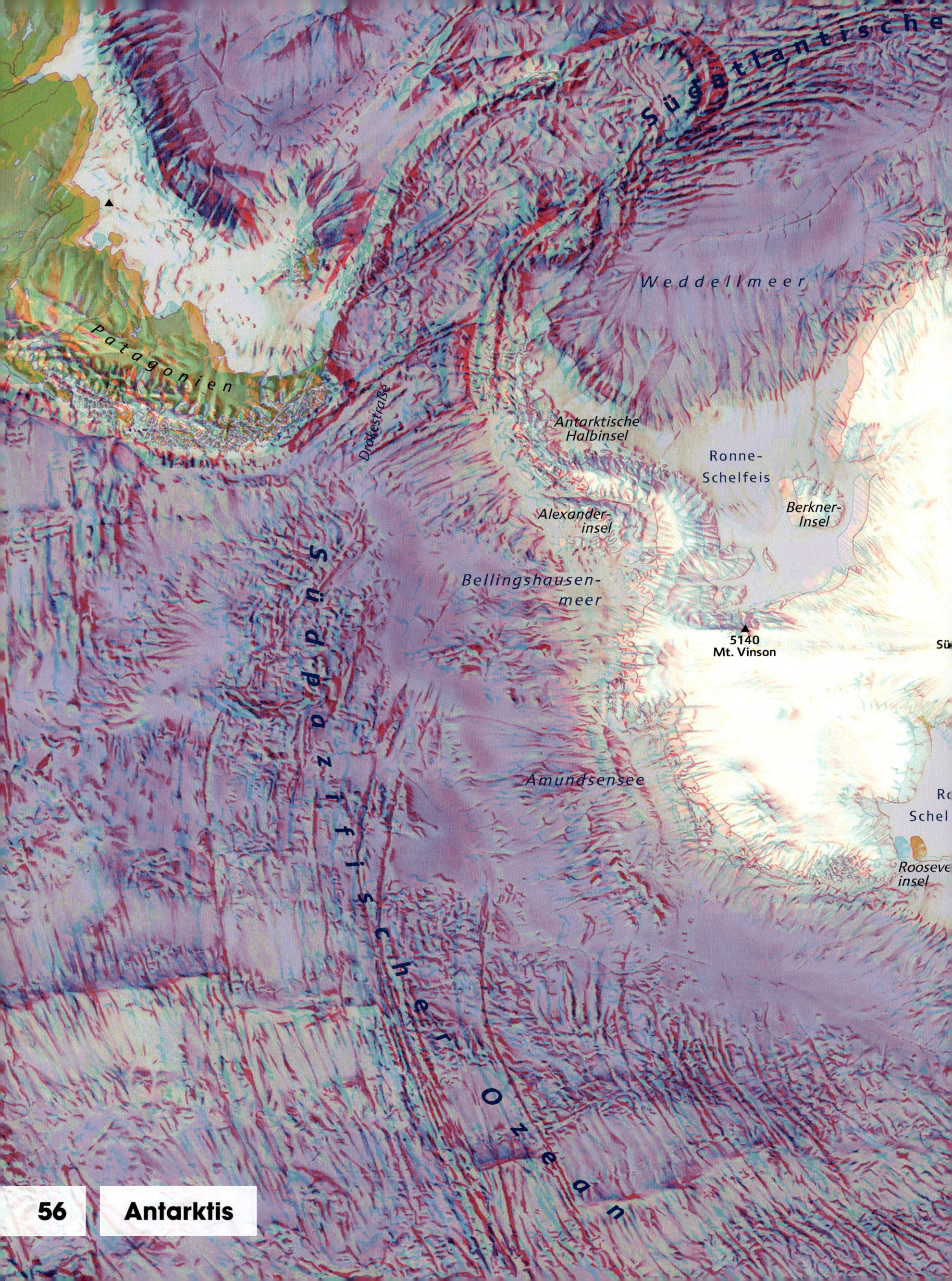

S ü d a t l a n t i s c h e

Weddellmeer

Patagonien

*Antarktische
Halbinsel*

Ronne-
Schelfeis

*Berkner-
Insel*

*Alexander-
insel*

*Bellingshausen-
meer*

▲ 5140
Mt. Vinson

Sü

Drakestraße

S ü d p a z i f i s c h e r   O z e a n

Amundsensee

Ro
Schel

*Roosevelt-
insel*

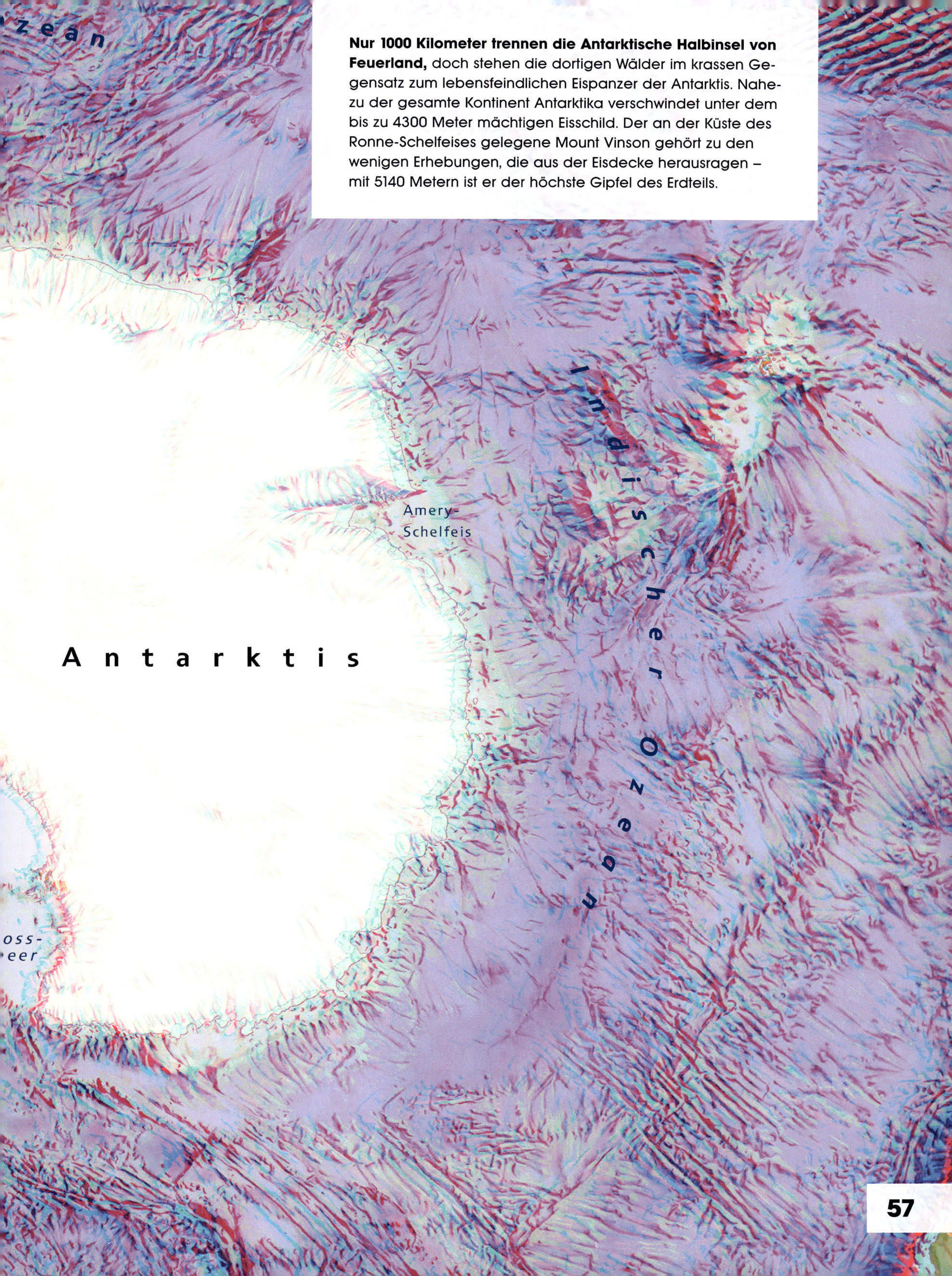

zean

Amery-
Schelfeis

Indischer Ozean

Antarktis

oss-
eer

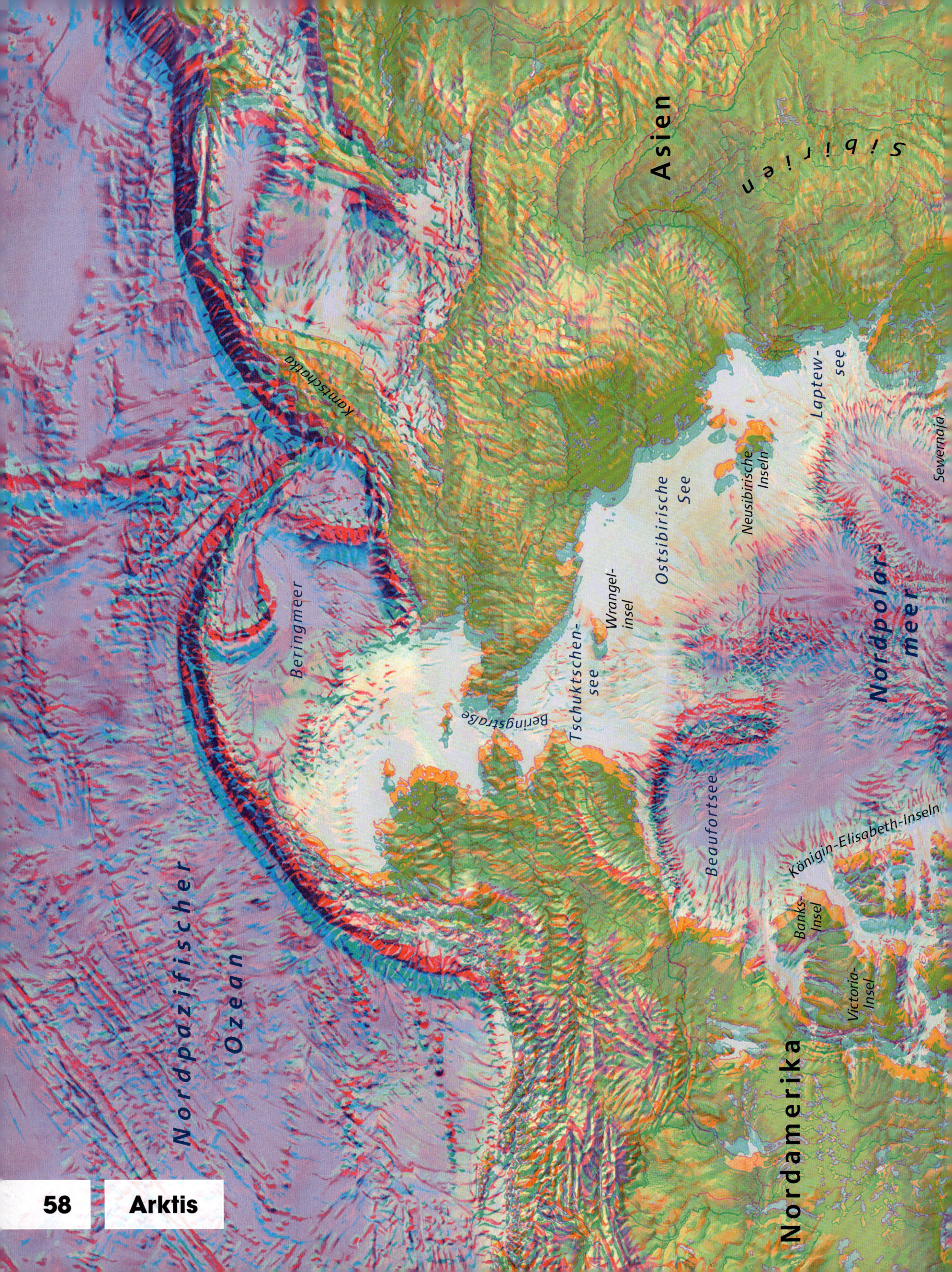

Asien

Sibirien

Kamtschatka

Laptew-
see

Sewernaja

Neusibirische
Inseln

Ostsibirische
See

Beringmeer

Wrangel-
insel

Tschuktschen-
see

Nordpolar-
meer

Beringstraße

Beaufortsee

Königin-Elisabeth-Inseln

Banks-
Insel

Nordpazifischer
Ozean

Victoria-
Insel

Nordamerika

Westsibirisches Tiefland

Ural

Karasee

Nowaja Semlja

Barentssee

Franz-Joseph-Land

Spitzbergen

Skandinavien

Europäisches Nordmeer

Mit Europa, Asien und Nordamerika gruppieren sich gleich drei Kontinente um das Nordpolarmeer. Das bis zu 5450 Meter tiefe Meer wird an seiner Oberfläche das ganze Jahr über zu weiten Teilen von Eisschollen bedeckt. Trotz seiner relativen Abgelegenheit ist das arktische Meer an den Rest der Welt angebunden: Das Europäische Nordmeer und das Baffinmeer verbinden es mit dem Nordatlantik, die rund 85 Kilometer breite Beringstraße führt zum Nordpazifik.

Europa

Island

Britische Inseln

Ellesmere Insel

Grönland

Baffin-meer

Baffinland

Labrador-see

Nordatlantischer Ozean

Kartografische Maßstäbe und Projektionen

Impressum

© 2011, wissenmedia GmbH, Gütersloh/München
Geschäftsbereich Verlag

Projektleitung: Markus Frühauf

Autorin: Dr. Heidrun Kiegel, Köln

Kartografie: wissenmedia Mapworks, Stuttgart
Chefkartograf: Glenn Riedel
Redaktion: Irmgard Sigg
Digitale Kartografie: Liana Steinborn, Annette Wrobel
Datenmanagement/DTP: Klaus Jost

Bildredaktion: Anka Hartenstein, Ulrike Rohland
Medienbereitstellung: Daniela Kaiser, Martin Leist
Layoutentwicklung: Parzhuber und Partner, München
Layout: Jo Pelle Küker-Bünermann
Einbandgestaltung: FaktorZwo, Bielefeld
Einbandabbildungen: bigstockphoto.com: Göreme/
Svetlana Tikhonova; fotolia.com: Dom/XtravaganT;
istockphoto.com: Machu Picchu/rest, Sphinx/Svetlana
Privezentseva; NASA, Washington: Erdkugel; NASA/ESA:
Sterne/Wolfgang Brandner JPL/IPAC/Eva K. Grebel/
Univ. Washington/You-Hua Chu/Univ. Illinois Urbana-
Champaign; shutterstock.com: Autobahn/ssguy.

Herstellung: Marcel Hellmund
Druck und Bindung: Himmer AG, Augsburg

ISBN: 978-3-577-14509-1
www.wissenmedia.de

Abbildungsnachweis: Bruno Braun: 46/47; Corbis
GmbH, Düsseldorf: 4 o./Ron Chapple; Hansjörg Franz,
Xdreamholidays.at: 20/21; Anna Henkel/annahenkel.
de: 36/37; Angela Mahler, Lubmin: 12/13; Stefan Motz:
28/29; NASA, Washington: 2/3/Goddard Space Fligth
Center, 5; shutterstock.com: 4 u./Kounadeas Ioannhs;
Werner Stoeckel: 16/17, 50/51.

Satellitenbilder: © WorldSat International Inc.,
www.worldsat.ca; all rights reserved